附圖一
卷祖乙爵

附圖二

唐子祖乙爵

附圖三

舉父辛爵　頁二五

附圖四
鄧伯盨蓋　頁三九

附圖五

旅觚

附圖六
木父辛爵　頁五七

附圖七
伯𢍰簋 頁六八

附圖八

㠱父乙簋　頁九〇

附圖九
□父己方鼎　頁一一六

附圖十

□父己方鼎　頁一一六

導讀

周亞

上海博物館收藏有《愙齋集古圖》，此爲吴大澂之孫吴湖帆〔一〕舊藏。

《愙齋集古圖》分上下兩卷，上卷外尺寸：縱四二・五釐米，横一四六二釐米；内尺寸：縱四一・五釐米，横一四六二釐米。下卷外尺寸：縱四二・五釐米，横一六九六釐米；内尺寸：縱四一・五釐米，横一六九六釐米。

兩卷《愙齋集古圖》皆以繪畫、墨拓的形式，形象、集中地展示了吴大澂當時對於金石收藏、學術研究之熱忱。卷前皆繪有吴大澂肖像及其所藏器物。據吴大澂的題簽，上卷圖像爲「海上三任」之一任薰〔二〕所作。下卷肖像作者，據吴湖帆題跋，知爲胡琴涵〔三〕作。背景、器物皆出自以「擅摹古」著稱的畫家陸恢〔四〕之手。二卷肖像雖出自任、胡二畫家，而面相如一，眉宇清秀，透露着睿智與博學。齋中鐘鼎彝器，秦權漢器，唐石明匋，琳琅滿目。焚香浄几，僮僕侍茗。吴大澂坐於榻上，神情恬然，或與同道論古，或品茗自賞。此種樣式，在歷代以描繪文人齋室爲題材的繪畫作品中，頗爲典型。諸如此類融個人收藏與藝術形式爲一體的「博古圖」，成爲晚清繪畫的一種新樣式，風行一時。

《愙齋集古圖》上卷的圖卷部分作者任薰，於光緒十四年（一八八八）雙目失明〔五〕，故此卷集古圖當在光緒十四年之前所作。《吴愙齋先生年譜》：光緒十三年（一八八七）「冬月……先生在署中倩人畫彝器圖。『刻下署中有委員陶鍾福能畫彝器圖，甚爲精工』（冬月初七日與姪本善書）」。由此可知，至少在廣東巡撫任上，吴大澂已着手準備《愙齋集古圖》的繪製。至於吴湖帆題跋中「愙齋公五十八歲像……時正在光緒十八年，正服闋入覲授命湘撫也」，應該指的是集古圖下卷的繪製時間。

根據上卷引首楊峴〔六〕題《愙齋集古圖》，落款「壬辰（一八九二）夏五月」，以及上下兩卷中盛昱〔七〕和王懿榮的題跋均在一八九二年〔八〕，可以表明兩卷《愙齋集古圖》是在光緒十八年（一八九二）合畫像與銅器拓本裝裱成卷的。

從上卷江標〔九〕於光緒廿一年乙未（一八九五）十月所作跋，下卷吴湖帆於丙子（一九三六）三月爲補識器名而作題跋，及王同愈庚辰（一九四〇）五月所題引首等分析，可以判斷兩卷《愙齋集古圖》此後又曾重新做過裝裱。

《愙齋集古圖》上卷江標題跋中有「今讀吾愙齋世伯《集古

圖》三巨卷」之語。《吴窓齋先生年譜》光緒十八年（一八九二）七月「十四日，以《集古圖》倩王懿榮、盛昱爲之題識」。顧廷龍先生有按語謂：「按《集古圖》有三卷，余見其二。王、盛二人，各跋一尾。」可見江標和顧廷龍都認爲《窓齋集古圖》有三卷，然顧先生僅見其二，即上海博物館所藏的這兩卷。下卷中吴湖帆題《窓齋集古圖》：「右，窓齋公五十八歲像，琴川胡琴涵先生所畫。而衣服布景、鐘鼎彝器、園屏山水等皆吴江陸廉夫先生（陸恢）畫也。公另有五十八歲畫象，亦胡、陸二氏作，面相如一。」據此，第三卷《窓齋集古圖》疑即胡琴涵、陸恢二人合作之另一畫像，只可惜今已不知所在何處。〔一〇〕

《窓齋集古圖》的圖卷之後，是將「窓齋」收藏的部分青銅器原器全形拓及銘文拓本，以繪畫的形式集中裝裱成一長卷。部分青銅器的拓本旁有吴大澂所題器名並作考釋，凡無吴大澂題釋者，均由其孫吴湖帆題名。

我們認爲，就青銅器及古文字研究而言，《窓齋集古圖》的學術價值有三點：

一、圖中有數件青銅器的器形與銘文爲以往歷代著録中從未出現過的，爲青銅器及古文字研究提供了新的資料。

如上卷圖中及下卷全形拓中的太保鼎〔一一〕，未曾見於以往的著録。器形、紋飾及銘文均與山東壽張縣梁山出土的[亻+㒼]方鼎相似（瑞典斯德哥爾摩遠東古物館現藏有其中一件），唯作器者名不同。我們推測，這件所謂的「太保鼎」有可能也是屬於壽張梁山出土的[亻+㒼]方鼎中的一件，銘文中的第一個字，在出土後的除鏽過程中，被工匠誤剔成現在的字體，這種現象在過去是曾經出現過的。

上卷圖中及全形拓中的雔卣蓋，經與臺北故宫博物院所藏雔卣照片比對，器形、紋飾、銘文内容都相同，只是銘文拓本的諸多細節不同，當屬一套酒器中的兩件卣。窓齋收藏的雔卣蓋，除《窓齋集古圖》外未見著録，現存何處亦不明。

此外，上卷拓本中的祖丁爵器形、銘文均未見著録。

二、《窓齋集古圖》中大多數青銅器的銘文和考釋文字雖然已見於《窓齋集古録》及其他一些金文著録書籍之中，但這些銅器的器形却多未見於著録。《窓齋集古圖》中收録的銅器，有的繪於兩卷圖像中，有的不僅出現在兩卷圖像中，並在其後的全形拓本中出現，也有的僅出現在全形拓本中。由於採用了繪圖或全形拓的表現形式，這些銅器的器形均得以揭示，極大地彌補了其中部分銅器器形資料的缺失。

據我們統計，在兩卷《窓齋集古圖》中共有一〇二件商代至漢代的銅器，其中有兩件西南地區的銅鼓、一件秦權，因爲僅繪於圖卷中，無法確定它們是否曾經著録過。其餘的九十九件銅器，經我們粗略地檢索，共有五十三件銅器的器形未曾予以刊布。

正是由於這些銅器器形的公布，可以幫助我們糾正一些以往著録中的錯誤，對以後在青銅器、古文字及相關學科研究工作中，正確引用這些青銅器和銘文資料，保證研究成果的科學性不無益處。

比如，在上卷拓本中有一件卲鼎，《三代吉金文存》六・二四著録銘文拓本，稱之爲「彝」；《殷周金文集成》一〇五四三著録，稱之爲「器」；《金文總集》二〇二五著録，稱之爲「簋」。現由此全形拓可以知道應該是一件西周早期的鬲鼎。又如下卷拓本中有一件山父戊方鼎，銘文曾經《三代吉金文存》卷一一・九・三和《殷周金文集成》五六四二等著録，然均誤名之爲「尊」，現可由此圖像予以糾正。類似的錯誤尚有數例，此外有的銘文可以依據器形紋飾，糾正原先銘文著録中斷代的不確，甚至可以依據器形紋飾與銘文的關係，發現以往著録中的僞銘。凡此種種，當在下文的注釋中一一注明。

三、根據《愙齋集古圖》中吴大澂的部分題釋，並比對《愙齋集古録》中的吴大澂題釋，有助於瞭解吴大澂的學術認識或觀點的形成及其變化過程。

儘管吴大澂在《愙齋集古圖》中對部分銅器的釋文和注釋，也出現在《愙齋集古録》中，但對其中同一件銅器的定名、釋文或注釋，或存在一些差異。另外吴大澂在《愙齋集古圖》的部分注釋也未收録於《愙齋集古録》中，這樣《愙齋集古圖》上的這些內容就成爲我們瞭解吴大澂未被大家知道的部分學術觀點的重要資料。

比如上卷拓本中有一徙鴞卣，吴大澂名之爲「象尊」，並題注曰：「器似卣而四足，其形如象，古象尊也。」「《周禮・司尊彝》『其再獻用兩象尊』，司農《注》『象尊以象骨飾尊』。《禮記・明堂位》『尊用犧象』，《注》『象尊以象骨飾之』。竊疑古尊彝無用象骨爲飾者，得此尊乃知象尊之遺制，可以正舊説之誤。惟《三禮圖》阮諶説象尊飾以象于尊腹之上，畫爲象之形，尚與此器相合。」然在《愙齋集古録》中，該器却被改稱爲「半析木形足跡形壺」。雖然將此種器形名之爲壺，與我們現在普遍將其認可爲「鴞卣」仍相去甚遠，但吴大澂不再稱其爲「象尊」，表明他已認識到將這種器形與禮經中所謂的「象尊」相提並論是過於牽强附會的。另外對該器銘文的釋讀，吴大澂也經歷了一個變化的過程，據《吴愙齋先生年譜》：光緒五年（一八七九）六月初一「得象尊，並爲題記：『繩其祖武』之武，當作，从二止，象兩足隨行皃。止猶世，止止即世世子孫之意。世字通止，見吴彝（吴大彝）、師遽敦（簋）」。在繪製《愙齋集古圖》時，吴大澂可能已經認識到該字釋讀的錯誤，故未釋此字。在《愙齋集古録》中則將此字稱爲「半析木形足跡形」，說明他儘管意識到過去對此字釋讀的錯誤，但他，甚至很可能當時的金石學家都尚未能够準確釋讀此字爲「徙」，故其只是用字形描述的方式將其稱爲「半析木形足跡形」。正是由於没能够正確認識此字，以致於該字的拓本無論在《愙齋集古圖》或《愙齋集古録》中都被倒置了。

又如，下卷拓本中的「上官鼎」，在《愙齋集古録》中已改稱爲「平安君鼎」，說明吴大澂對該鼎的器主有了正確的認識。但是在

《愙齋集古圖》中吴大澂對該器銘文中的文字、國别和衡量制度有一段考釋文字，在《愙齋集古録》中却未收録。所以這段考釋文字，對瞭解吴大澂的學術觀點就越顯重要了。

下卷拓本中的母癸鼎，對其文字的釋讀部分未收録於《愙齋集古録》中。其中吴大澂認爲「兩手授舟形，當即古受字，一人執旂形，似古旅字」。這兩字的釋讀到現在還是基本準確的，由此可見吴大澂的小學功底還是比較扎實的。

在下卷拓本中，吴大澂對史頌簋銘文有長篇的釋讀，但在《愙齋集古録》中史頌簋銘文的釋讀則比《愙齋集古圖》中要簡略許多。所以，若需全面瞭解吴大澂對史頌簋銘文的釋讀與考證意見，《愙齋集古圖》應該保存了最完整的原始資料。

在上下卷圖中都有的婦庚卣，在下卷的拓本中吴大澂名其爲「女歸卣」，並考釋「帚」即「歸」字。《愙齋集古録》中改稱爲「婦庚卣」，表明吴大澂已意识到「帚」应该是婦字的一部分，並隸定出下一字爲「聿」，但他没有認識到「聿」是人名。同時他考釋了「賡」字，認爲：「从庚从丙，當係古禮器象形字，以受册命時所陳設也。舊疑庚、丙二字，非是。或曰古文字賡不从貝。」將器銘改定爲「婦庚卣」當是他認爲「賡」即「庚」，爲人名。兩卷圖中吴湖帆題爲婦庚卣，應該是根據吴大澂在《愙齋集古録》的定名而題。從此例中，我們可以瞭解到吴大澂某些學術觀點的變化和演進的過程。

需要注意的是，儘管《愙齋集古圖》收録的這些銅器都是屬於吴大澂自藏器物，但是圖卷的繪製者和拓本的裝裱者未必都精通青銅器，所以存在一些器物的器形、紋飾描摹失真的現象，如上卷圖中的追簋，器腹和方座原本裝飾的是相對的回首龍紋，可在圖中，追簋的器腹紋飾有如竊曲紋，方座紋飾則成爲大方格形的雷紋；又如陳侯嘉姬敦（陳侯簋），器腹裝飾的是波曲紋，却被畫成了有如乳釘雷紋般的斜方格紋。此外，也存在一些器物的器蓋銘文拓本未按原器組合裝裱在一起的現象，如上卷拓本中的兩件衛公叔敦（賢簋），不僅未按上蓋下器的慣例裝裱，甚至將兩件簋的蓋、器拓本隨意組合裝裱在一起，引用時若不加注意，就容易犯錯。

總之，《愙齋集古圖》對文物研究，特别是對青銅器和古文字等學科研究具有比較重要的資料價值、學術價值，同時對瞭解一些重要青銅器的出土和流傳經過也有着可信的參考價值。本文按照圖中順序，在參考《吴愙齋先生年譜》〔一二〕、《吴愙齋尺牘》〔一三〕、《愙齋集古録》〔一四〕、《殷周金文集成》〔一五〕等相關資料，以及充分利用吴鎮烽先生主持編製的《商周金文資料通鑒》檢索系統的基礎上，對一些人物、器物及相關事宜，作了一些注釋。希望能够給對此圖感興趣，或可能利用此圖資料作更深入研究的同好有所裨益。

〔一〕吴湖帆（一八九四—一九六八），《吴愙齋先生年譜》光緒二十一年（一八九五）三月初八日：「先生以大根長孫、本善之子翼燕爲嗣孫，繼本孝後。」顧廷龍先生按：「翼燕字湖帆，今以字行。工書畫，精鑒别。」吴大澂嫡子吴本孝九歲即亡，據《吴愙齋先生年譜》光緒四年（一八七八）八月「二十日，本孝病故京寓，年九歲」。

〔二〕任薰（一八三五—一八九三），字舜琴，又字阜長，其父任椿、兄任熊都是畫家。任薰青年時在寧波賣畫爲生，後寓居蘇州、上海。任頤、任預均從其習畫。任薰兼工人物、花鳥、山水、肖像、仕女，畫法博採衆長，面貌多樣，富有新意。與任熊、任頤時稱「三任」，合任預爲「四任」，并爲海上畫派代表畫家之一。

〔三〕胡琴涵，名祥，號琴庵，江蘇常熟人，生平及生卒年月不詳。

〔四〕陸恢（一八五一—一九二〇），原名友恢，一名友奎，字廉夫，號狷叟，一字狷盦，自號破佛盦主人，江蘇吴江人。書工漢隸，畫則山水、人物、花鳥、果品，無一不能。後晤吴大澂，相與談藝大悦。旋客吴幕，得游三湘、遼東名勝。所歷既廣，筆意益蒼勁遒麗，古拙幽深。光緒二十二年（一八九六）張之洞署江督，集海内名畫家補繪元王惲所進《承華事略》，以陸恢總其事。圖中衣冠、彝器悉準歷代制度。中年歸蘇州，潛心繪畫，考訂金石文字，垂三十年。出版有《陸廉夫山水八景》《陸廉夫冷香居記事圖册》《陸廉夫先生編年畫册》等。

〔五〕周林主編《中國名畫賞析・清代繪畫》第二三五頁單國强先生撰寫的任薰簡介：「光緒十四年（一八八八），任薰雙目失明返回故里，於光緒十九年（一八九三）七月卒於蕭山。」

〔六〕楊峴（一八一九—一八九六），字庸齋、見山，號季仇，晚號藐翁，自署遲鴻殘叟，浙江歸安（今湖州）人。咸豐五年（一八五五）舉人，曾入曾國藩、李鴻章幕中，參佐軍務。五十歲以後負責海道漕運事務，官至鹽運使，其間曾任江蘇松江知府，因得罪上僚被劾罷官。此後即寓居蘇州，讀書著述，以賣字爲生。著有《庸齋文集》《遲鴻軒詩鈔》等。

〔七〕盛昱（一八五〇—一八九九），字伯熙，號意園，又號韻蒔。愛新覺羅氏。清太宗皇太極長子肅武親王豪格七世孫，協辦大學士敬徵之孫，左副都御史恒恩之子。隸滿洲鑲白旗。光緒二年進士，官至國子監祭酒。其身爲貴胄，而能潛心致力於學問，精鑒賞，考訂經史及中外地理，皆精核過人，尤通於清代掌故。詩文、金石均負時名。著有《成均課士録》《移林館金石文字》《鬱華閣遺集》及《雪屐尋碑録》，並傳於世。居官時，崇尚風雅，與張之洞、潘祖蔭諸人領袖清流，以直諫敢言著稱於時。在國子監祭酒任上，他用心研究教士之法，加强日常管理，奬懲分明，使得學風爲之一變。盛昱爲人簡貴清謐，承學之士以得接言論風采爲幸。

〔八〕《吴愙齋先生年譜》光緒十八年壬辰「五月二十二日，啓程入都……閏六月十二日，奉旨：『湖南巡撫着吴大澂補授。欽此』……十四日，以集古圖卷倩王懿榮、盛昱爲之題識……十五日，出京」。顧廷龍先生按：「盛跋未記年月，姑附於此。」其實盛昱跋中明確記述「壬辰，清卿來京師，余得遍觀其所藏……間出樵（模、摹）寫器形巨卷，屬爲題語」，雖未記具體月日，但就在吴大澂進京受命這段時間是毫無疑問的。

〔九〕江標（一八六〇—一八九九），江蘇元和人，字建霞，號萱圃，光緒十五年進士，官至翰林院編修，一八九四年任湖南學政。編有《靈鶼閣叢書》。

〔十〕或以爲二〇一四年美國紐約蘇富比春拍中的《吴愙齋中丞所藏彝器拓本》即《愙齋集古圖》之第三卷。然吴湖帆在此卷之跋中謂：「家中今祇存三卷，今於友人處假讀此卷。」據此可知其並非當時所作三卷中的一卷。

〔十一〕在上卷圖中，吴湖帆題名爲「衡鼎」，當是根據吴大澂對銘文首字的釋讀而定。

〔十二〕顧廷龍編撰《吴愙齋先生年譜》，哈佛燕京學社出版，一九三五年。

〔十三〕［清］吴大澂《吴愙齋尺牘》，國立北平圖書館金石叢書之一，商務印書館，一九三八年。

〔十四〕［清］吴大澂撰《愙齋集古録》，商務印書館，一九二一年。

〔十五〕中國社會科學院考古研究所編《殷周金文集成》，中華書局二〇〇七年修訂版。

愙齋集古圖

壬辰夏五月
藐叟楊峴題

上卷

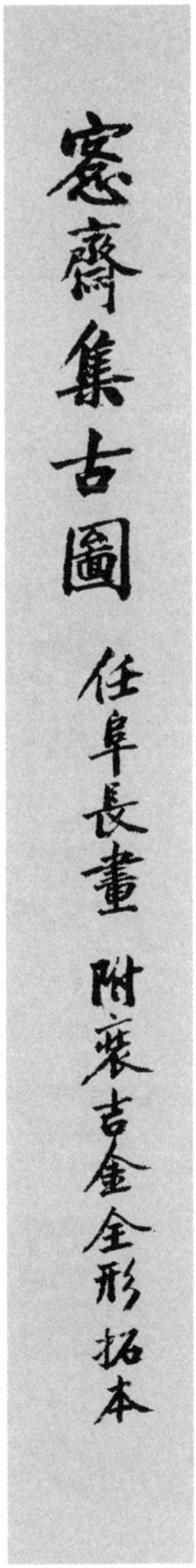

引首

愙齋集古圖。壬辰（一八九二）夏五月，歸安楊峴題。

（鈐印：「臣顯大利」白文印、「老藐」朱文印）

内簽

愙齋集古圖。任阜長畫。附裝吉金全形拓本〔一〕。

畫中青銅器名〔二〕

追敦〔三〕、魯伯愈父匜、魯伯愈父簠、史頌敦、聿貝壺蓋、雝卣蓋、婦庚卣〔四〕、芮公鬲、宗婦壺、韓中侈壺、師奎父鼎、陳侯嘉姬敦〔五〕、者汈鐘、邵鐘、福無彊鐘、耳勺卣、衡鼎〔六〕、立戈父丁敦、邵鼎、庚丙鼎〔七〕、季良父壺盉、拱父辛爵〔八〕、父癸爵、唐祖乙爵、考父辛卣、子抱孫敦、乙亥丰敦、平安君鼎〔九〕、伯荐敦、羊鼎、象尊。

〔一〕吴大澂題。

〔二〕吴湖帆題。

〔三〕追簋，現藏美國舊金山亞洲藝術博物館。據《吴愙齋先生年譜》光緒十三年（一八八七）引吴大澂手批《積古齋鐘鼎彝器款識》：「正月，徐翰卿（熙）爲余購得追敦，惜失蓋，不知所在。是敦下有方座，兩耳獸，雄奇古樸。」追簋的器腹和方座原本裝飾的是相對的回首龍紋，可在本圖中，追簋的器腹紋飾有如竊曲紋，方座紋飾則成爲大方格形的雷紋。

〔四〕即下卷拓本中女歸卣。

〔五〕陳侯簋，現藏上海博物館。器腹飾波曲紋，此圖則誤畫爲斜方格紋。此器曾經《西清續鑑甲編》著録，應爲清宫舊藏。

〔六〕即下卷拓本中太保鼎。

〔七〕即本卷拓本中吴湖帆題名之賡鼎。

〔八〕即本卷拓本中吴湖帆題名之舉父辛爵。

〔九〕下卷拓本中吴大澂稱之爲上官鼎。

魯伯愈父匜

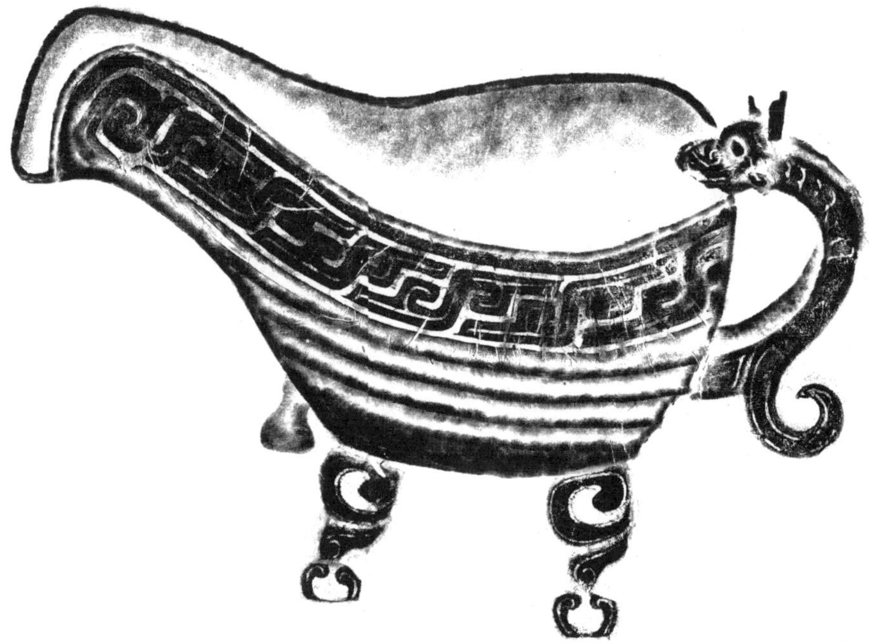

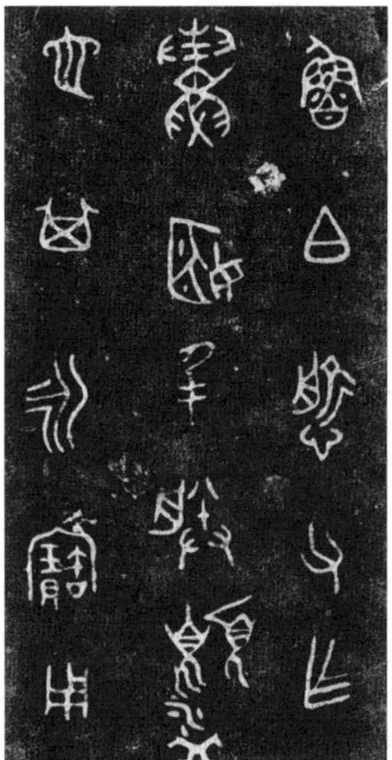

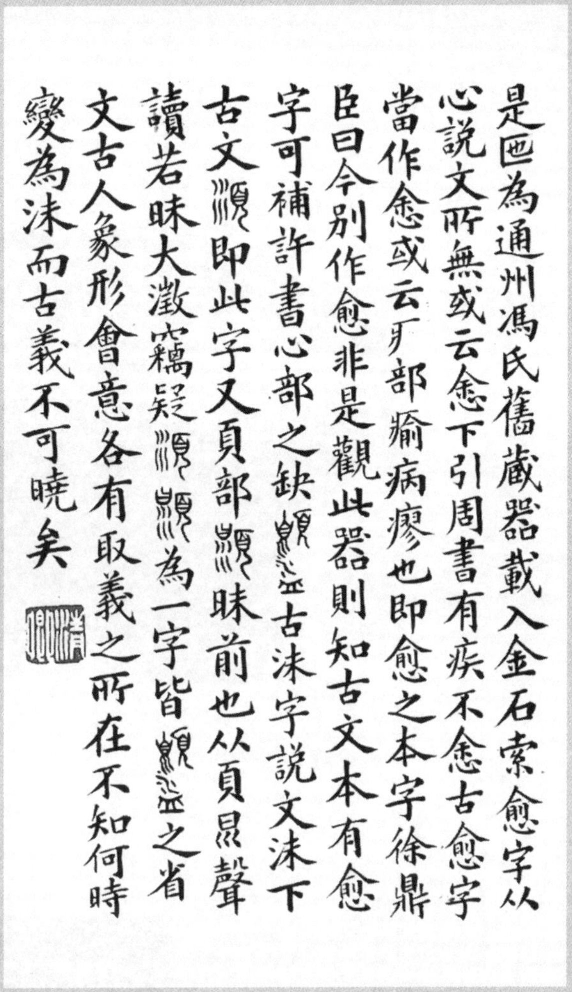
是匜為通州馮氏舊藏器載入金石索愈字从
心說文所無或云忿下引周書有疾不忿古愈字
當作忿或云疒部瘉病瘳也即愈之本字徐鼎
臣曰今別作愈非是觀此器則知古文本有愈
字可補許書心部之缺𩔍古沬字說文沬下
古文湏即此字又頁部𩑤昧前也从頁㬳聲
讀若昧大澂竊疑湏𩑤為一字皆𩔍之省
文古人象形會意各有取義之所在不知何時
變為沬而古義不可曉矣
清卿

大澂題

是匜爲通州馮氏舊藏，器載入《金石索》。愈字从心，《說文》所無，或云忿，下引《周書》「有疾不忿」，古愈字當作忿；或云疒部「瘉，病瘳也」，即愈之本字。徐鼎臣曰：「今别作愈，非是。」觀此器則知古文本有愈字，可補許書心部之缺。𩔍，古沬字，《說文》沬下古文湏即此字，又頁部𩑤「昧前也，从頁㬳聲，讀若昧」，大澂竊疑湏𩑤爲一字，皆𩔍之省文。古人象形會意，各有取義之所在，不知何時變爲沬，而古義不可曉矣。

（鈐「清卿」白文印）

注： 魯伯愈父匜現藏上海博物館。通州馮氏即馮雲鵬（晏海）、馮雲鵷（集軒）兄弟，江蘇通州人（今南通市）。撰著有《金石索》十二卷。《金石索》卷一魯伯愈父匜：「道光庚寅歲，滕縣人於鳳皇嶺之溝澗中掘出，劉超元守衛購得，以予嗜古轉以見惠，洵足珍也……此外，有盤有簠有鬲，皆以姬年係之。是必姬氏早亡，即以其媵嫁諸器殉葬。」

魯伯愈父簠

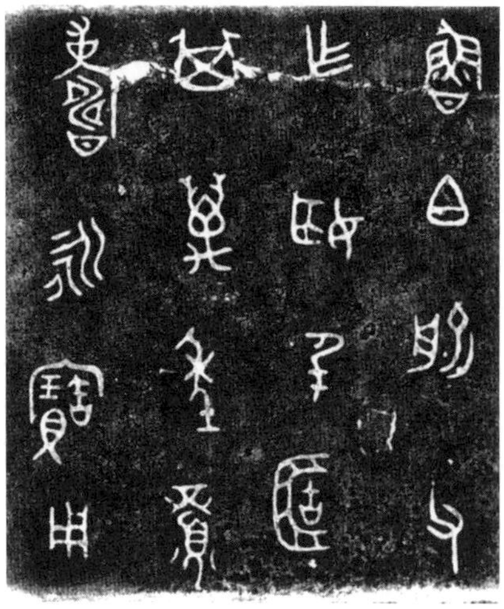

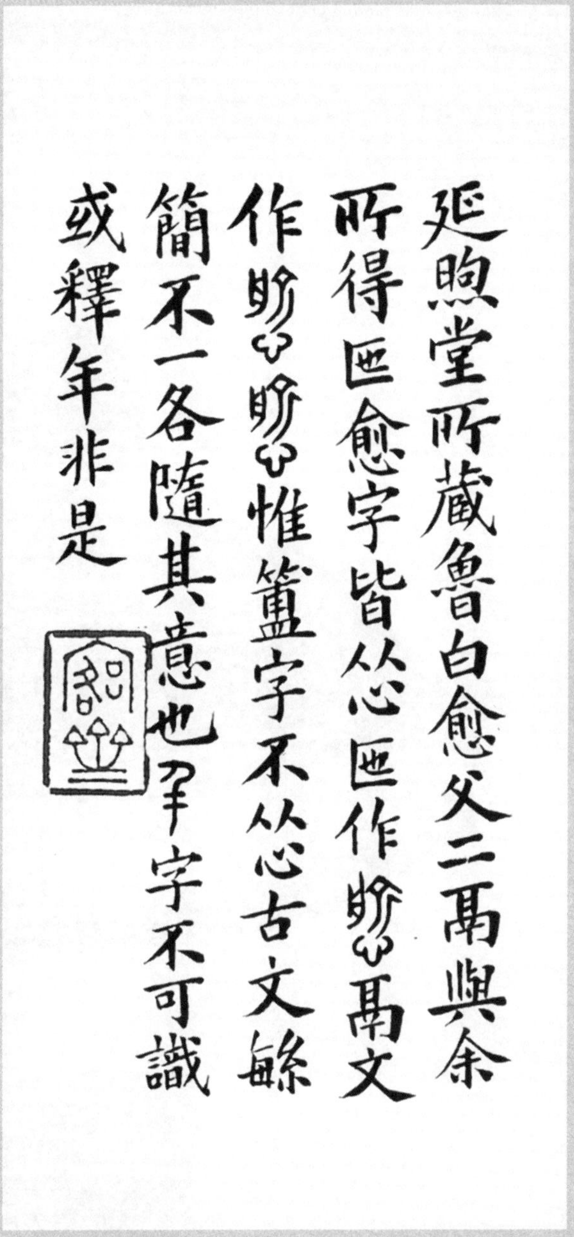
延煦堂所藏魯白愈父二鬲與余
所得匜愈字皆从心匜作□鬲文
作□□惟簋字不从心古文緐
簡不一各隨其意也□字不可識
或釋年非是

大澂題

延煦堂所藏魯白愈父二鬲，與余所得匜，愈字皆从心。匜作□，鬲文作□、□，惟簋字不从心。古文緐（繁）簡不一，各隨其意也。□字不可識，或釋年，非是。

（鈐「愙齋」朱文長方印）

注： 魯伯俞父簋共三件，一件現藏國家博物館，一件殘器現藏上海博物館，唯愙齋所藏現不知何處。《三代秦漢金文著録表》之《藏器家姓氏表》：「煦堂，漢軍許氏延暄。」《愙齋集古録》二五·五·二「犧形觚」，吴大澂題「延煦堂藏器」，拓本旁鈐有「煦堂鑒藏」白文印，可知「延煦堂」即「煦堂」。

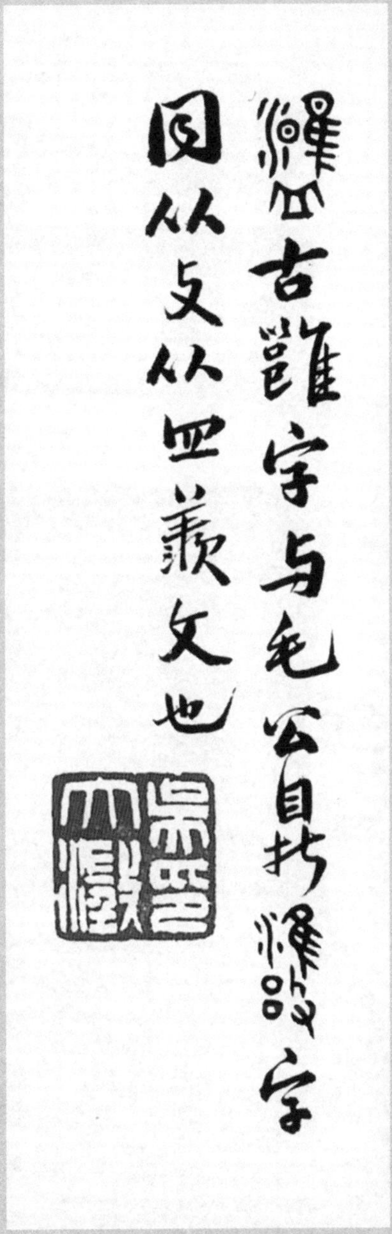

大澂題

⿱雝皿，古雝字，與毛公鼎饔字同。从攴、从皿，羡文也。

（鈐「吴大澂印」白文印）

注： 臺北故宫博物院藏雝卣，器蓋全，將窓齋所藏雝卣蓋及拓本，與臺北故宫所藏雝卣照片比對，器形、紋飾相同，銘文則有區别，當屬一套酒器中的兩件。《周金文存》五・九九、《鬱華閣金文》一九九・一之雝卣蓋銘爲窓齋舊藏，拓本下分别有「窓齋金石」「吴氏金石」白文印可證，現有著録書目多將其歸之臺北故宫所藏雝卣，當糾之。窓齋收藏的雝卣蓋，現存何處不明。

宗婦方壺陝西鄠縣出土同時出七鼎六敦一盤兩壺皆同文鄁國不可攷說文鄁蜀地也鄠非蜀境疑春秋時秦楚之屬國剌舊釋列為彝器習見之字[illegible]从兒从甹从女兒所聘女當即嫛字古文蓋隸書甹叟相近一變而从叜義不可通得此可正俗字之誤𤔲當訓治晉公盦保辥王國又云遬辥爾家與說文辥辠也之訓不類大澂謂辥辟皆从辛義亦畧同金縢我之弗辟釋文辟治也說文辟部𨐨治也𤔔治也以辟𨐨𤔔三字證之辥亦當訓治也

大澂題

宗婦方壺，陝西鄠縣出土。同時出七鼎、六敦、一盤、兩壺，皆同文。鄁國不可考，《説文》：「鄁，蜀地也。」鄠非蜀境，疑春秋時秦楚之屬國。剌舊釋列，爲彝器習見之字。嬰，从兄从甹从女，兄所聘女，當即嫂字古文。蓋隸書甹、叟相近，一變而从叜，義不可通，得此可正俗字之誤。嶭當訓治，晉公盦「保辥王國」，又云「遫辥爾家」，與《説文》「嶭，辠也」之訓不類。大澂謂：辥、辟皆从辛，義亦略同。《金縢》「我之弗辟」，《釋文》「辟，治也」，《説文·辟部》「𨐨，治也」，「𡰪，治也」，以辟、𨐨、𡰪三字證之，辥亦當訓治也。

（鈐「兩壺盦」白文印）

注：二壺現均藏南京博物院。《吴愙齋先生年譜》附録二之《愙齋先生所藏古器物目》中宗婦鼎下引吴大澂自題云：「王子剌公宗婦器，于光緒丙子年鄠縣出土，七鼎、六敦、兩壺，一般（盤）同文，皆爲愙齋所得。」

子申祖乙爵

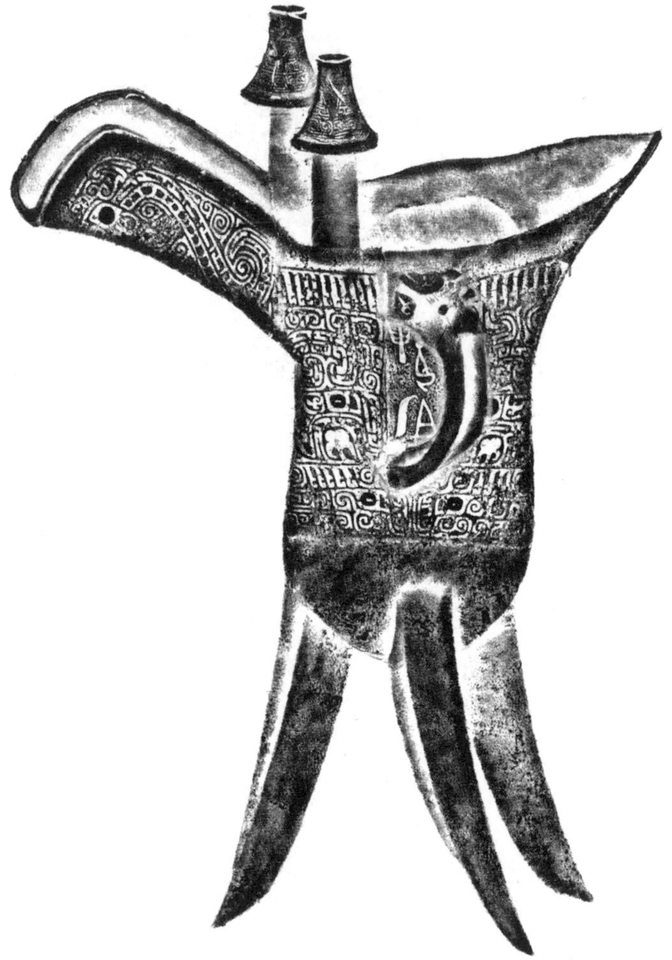

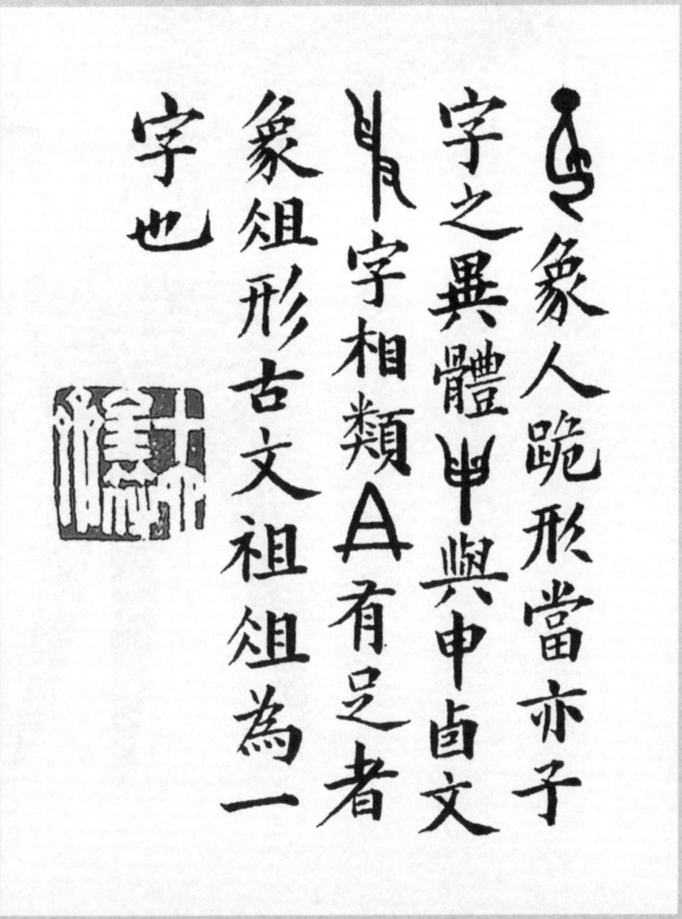
象人跪形當亦子字之異體與申卣文字相類有足者象俎形古文祖俎為一字也

大澂題

，象人跪形，當亦子字之異體。與申卣文字相類。有足者，象俎形，古文祖、俎爲一字也。

（鈐「十六金符齋」白文印記）

注：現或稱之卷祖乙爵，藏上海博物館。器形未刊，由此拓可見，並見附圖一。

唐子祖乙爵

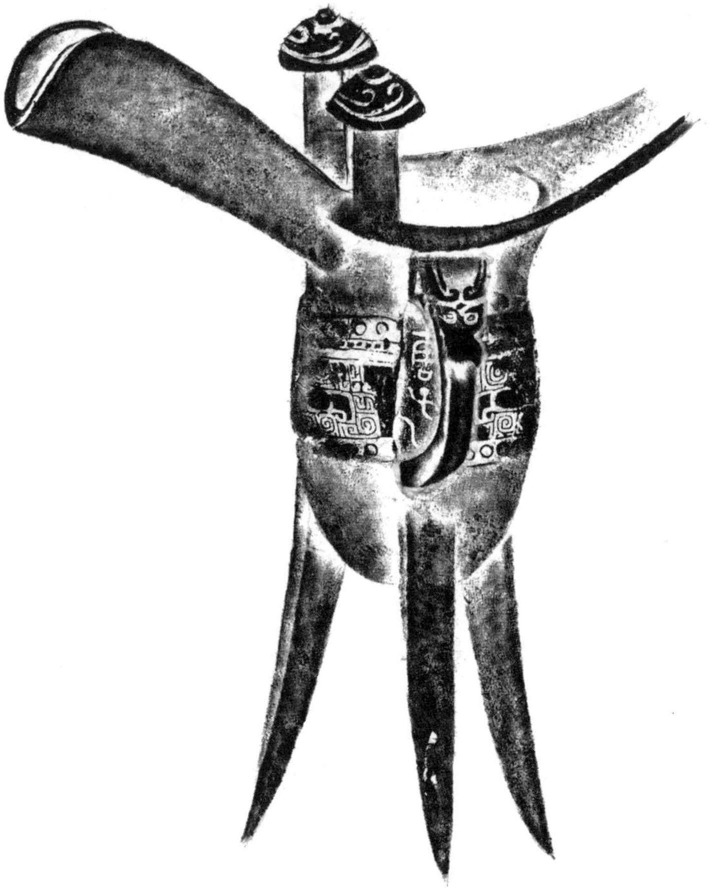

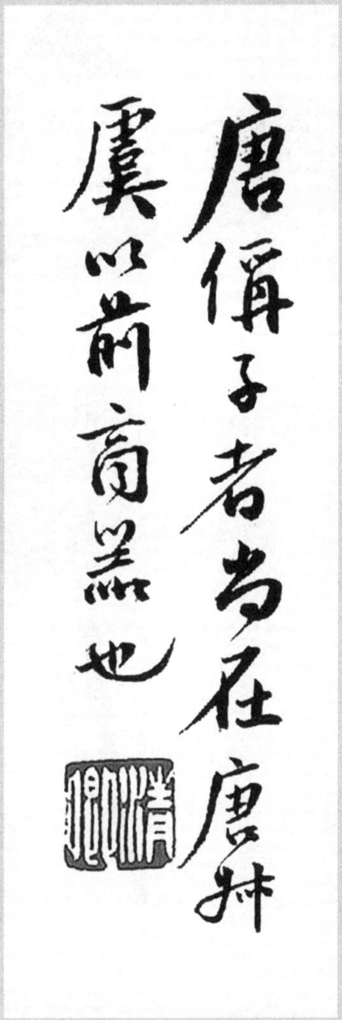

大澂題

唐偁子者，當在唐叔虞以前，商器也。

（鈐「清卿」白文印記）

注： 現藏上海博物館。據顧廷龍先生《吴愙齋先生年譜》同治十一年（一八七二）引吴大澂手批《積古齋鐘鼎彝器款識》：「唐子爵至精，余于壬申年（一八七二）得之。」故宮博物院也收藏有一件唐子祖乙爵，然從紋飾分析，愙齋所藏爵，腹飾連珠紋界欄的以雙目爲特徵的簡化式獸面紋；故宮所藏爵腹飾雲雷紋填地的分解式獸面紋，兩件爵並非同一組器。器形未刊，由此拓可見，並見附圖二。

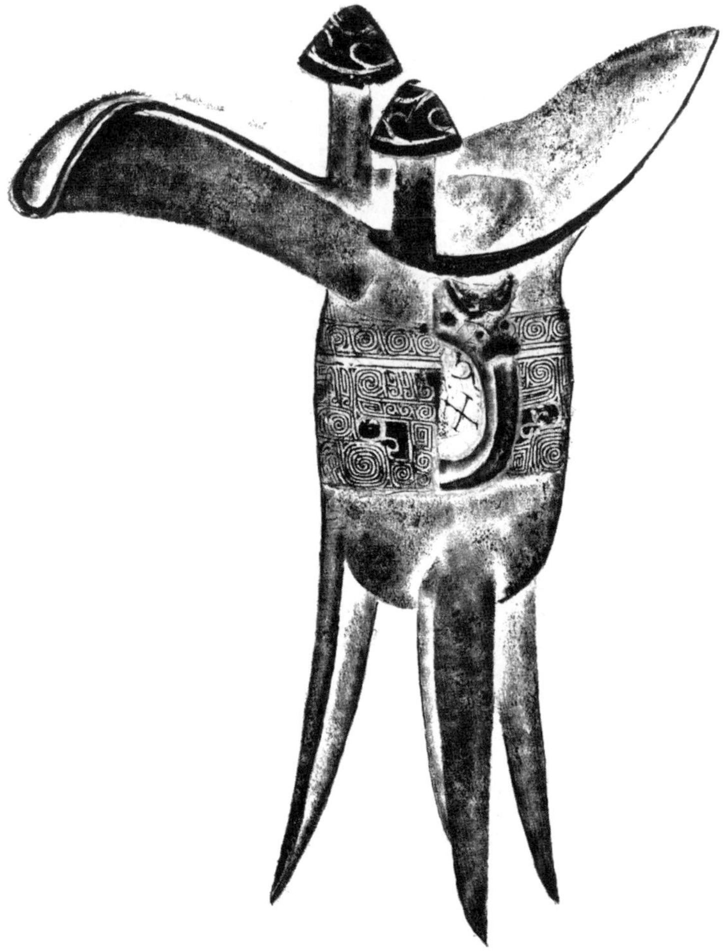

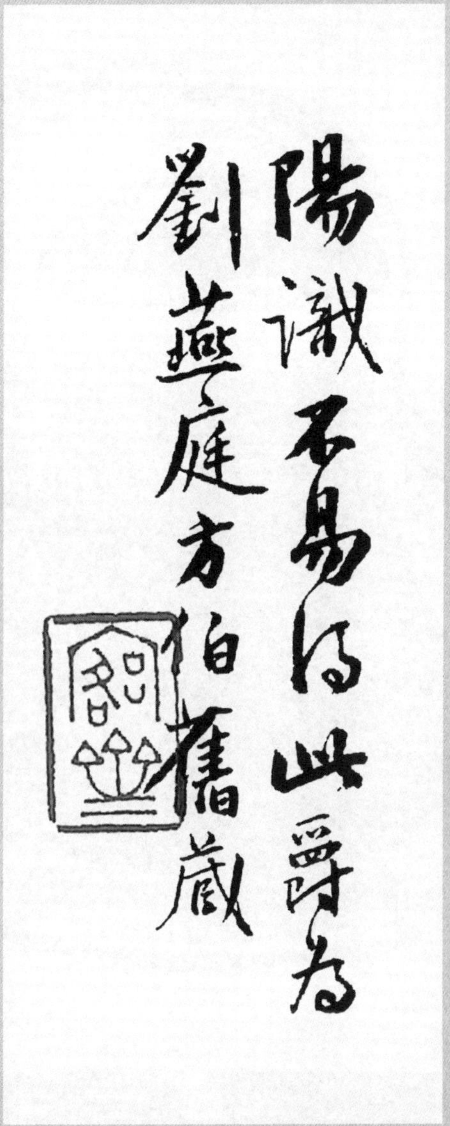

大澂題

陽識不易得，此爵爲劉燕庭方伯舊藏。

（鈐「愙齋」朱文長方印記）

注： 據顧廷龍先生《吴愙齋先生年譜》同治十一年（一八七二）引吴大澂手批《清愛堂鐘鼎彝器款識法帖》：「得劉氏清愛堂舊藏祖夫爵、父辛爵、陽文父癸爵于都門。」

考作父辛卣

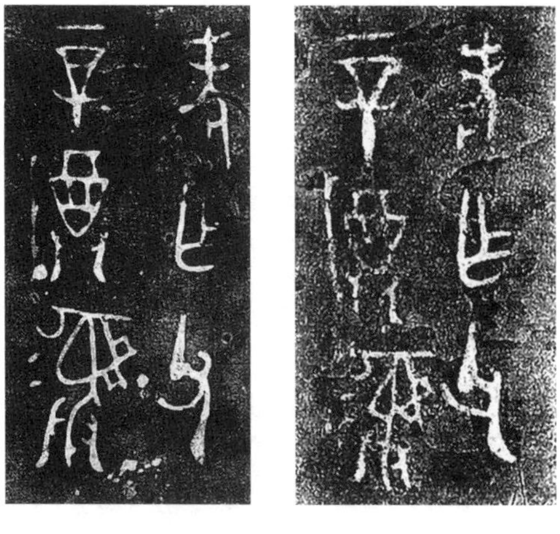

大澂題

考，當係人名。此卣得之都門廠肆。從前著録所未見。

（鈐「十六金符齋」朱文印記）

注： 器形未曾著録，由此全形拓圖像可知其形狀。《殷周金文集成》五八三四著録有考作父辛尊，據《三代秦漢金文著録表》曾爲瞿世瑛收藏，應與此卣爲一組器。

龍節

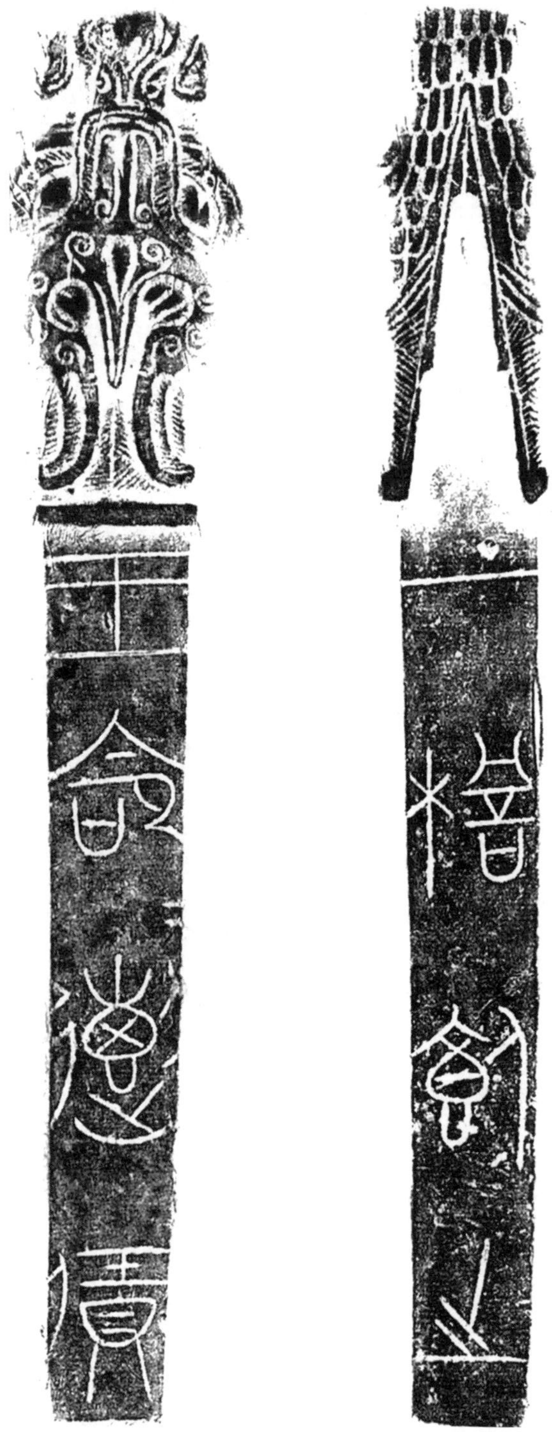

注： 現藏上海博物館。該龍節當爲許延暄所贈，《吴愙齋尺牘》第四册之庚辰年（一八八〇）八月給陳介祺信中提到：「今夏入都，晤延煦堂兄，索觀其所藏龍節，慨然見贈，曾作歌紀其事。」《愙齋詩存》（華東師範大學出版社，二〇〇九年）中《龍節歌》吴大澂自題：「庚辰四月，奉命出塞，將離都門，延煦堂員外以此贈行，賦詩酬别。」吴湖帆按：「煦堂員外名延暄，滿洲人，收藏金石頗富。」據顧廷龍先生編《吴愙齋先生年譜》可知事在光緒六年（一八八〇）：「正月二十一日，奉上諭『河南河北道吴大澂着賞給三品卿銜。前赴吉林隨同銘安幫辦一切事宜』……四月，將出都門，延煦堂員外煦以龍節見贈。」此處「延煦堂員外煦以龍節見贈」之第二個「煦」字，應爲「暄」字之誤。

子抱孫父丁敦

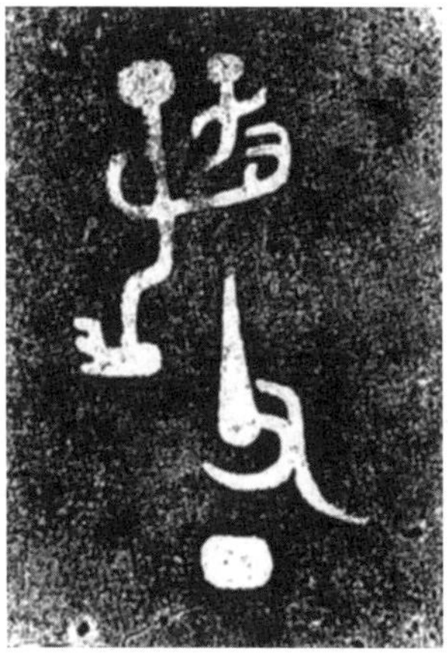

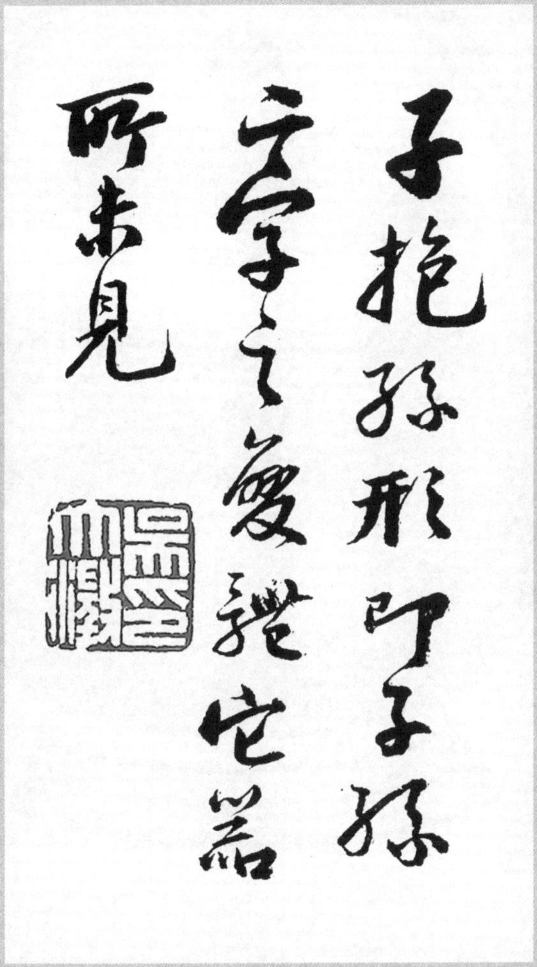
子抱孫形即子孫
二字之變體它器
所未見
吳大澂印

大澂題

子抱孫形，即子孫二字之變體，它器所未見。

（鈐「吳大澂印」白文印記）

注：「子抱孫」或釋「保」，保簋現藏旅順博物館。

鄉卣

與爵
文字
相似古
鄉字也
盖文父
乙器文
父戊必
係兩器
誤易耳

大澂題

與爵文字相似，古鄉字也。蓋文父乙，器文父戊，必係兩器誤易耳。

（鈐「愙齋」朱文長方印記）

注： 現藏旅順博物館，《殷周金文集成》以爲器、蓋不同器，故分列爲五〇六〇、五〇七六條著録。銘文現多釋爲「ㄐ冊父乙、ㄐ冊父戊」。傳世「ㄐ冊」銅器多爲「ㄐ冊父乙」或「ㄐ冊父戊」，且時代相同，吴愙齋以爲「必係兩器誤易耳」，實屬可能。

乙亥敦

《愙齋集古圖》典藏本

丰象三玉相連之形
説文王象三玉之連
丨其貫也大澂謂二
玉曰玨三玉曰丰此字
可補許書之缺

大澂題

丰象三玉相連之形。《説文》：「王，象三玉之連，丨其貫也。」大澂謂二玉曰玨，三玉曰丰，此字可補許書之缺。

（鈐「大澂私印」白文印記）

注： 或稱嶲鐵簋，現藏故宮博物院。

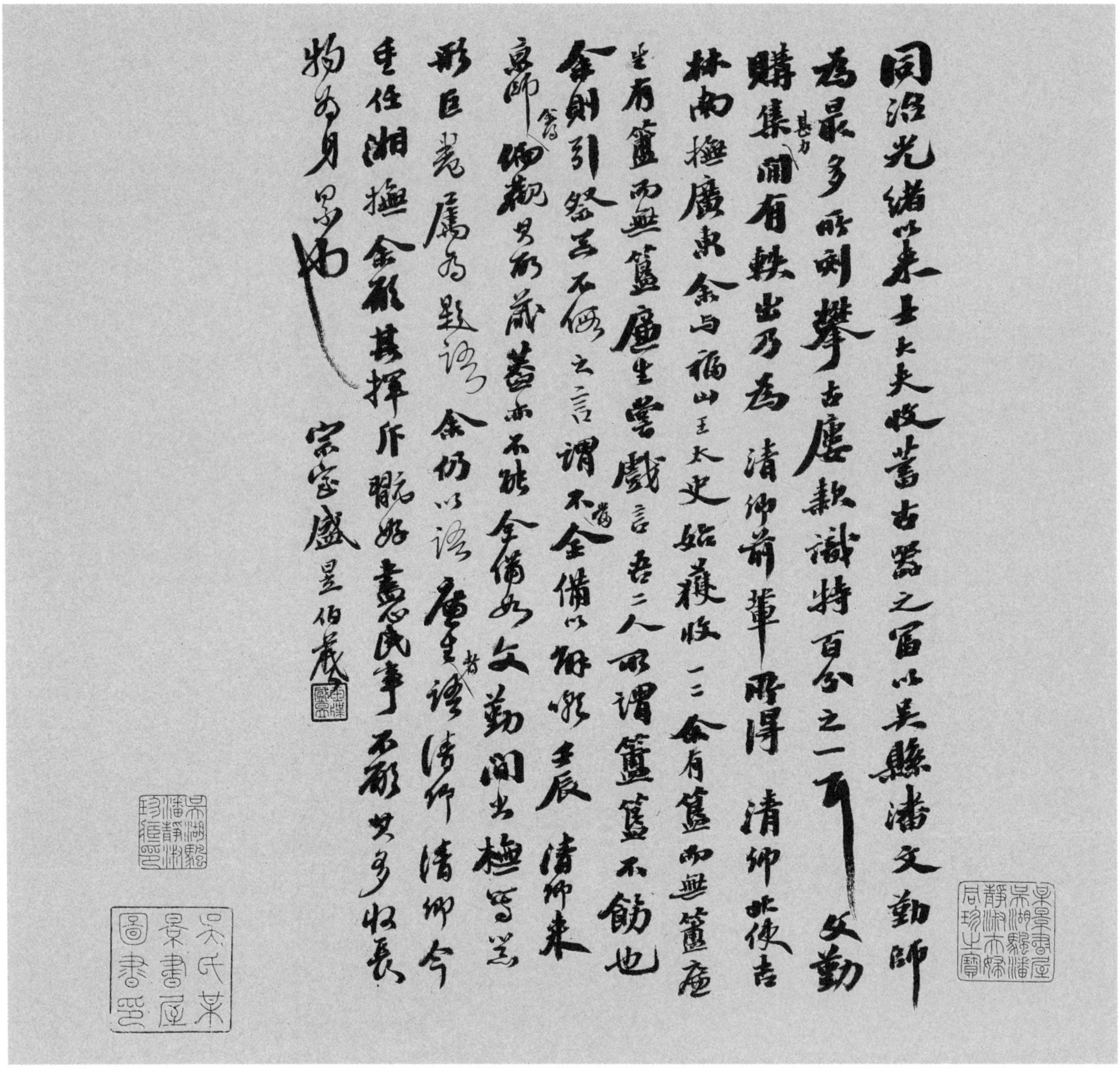

盛昱題跋

同治、光緒以來，士大夫收蓄古器之富，以吴縣潘文勤師爲最多。所刻《攀古廔款識》特百分之一耳。文勤購集甚力，間有軼出，乃爲清卿前輩所得。清卿北使吉林，南撫廣東，余與福山王太史始獲收一二。余有簋而無簠，廉生有簠而無簋，廉生嘗戲言：「吾二人，所謂簠簋不飭也。」余則引祭器不假之言，謂不當全備以解嘲。壬辰（一八九二），清卿來京師，余得遍觀其所藏，蓋亦不能全備如文勤。間出橅（模、摹）寫器形巨卷，屬爲題語，余仍以語廉生者語清卿。清卿今重任湘撫，余願其揮斥翫好，盡心民事，不願其多收長物爲身累也。

宗室盛昱伯羲。

（鈐「玉牒盛昱」朱文印記）

乙亥方鼎

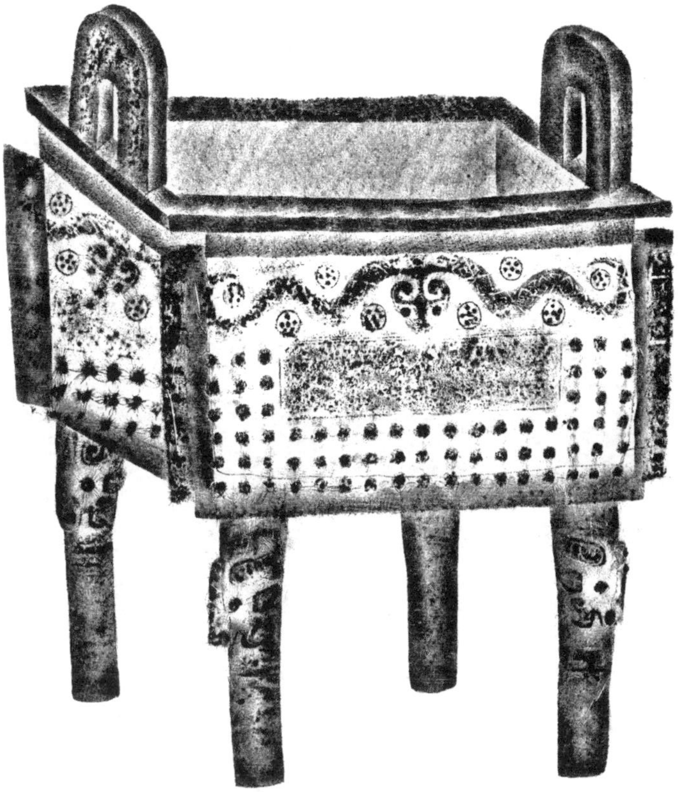

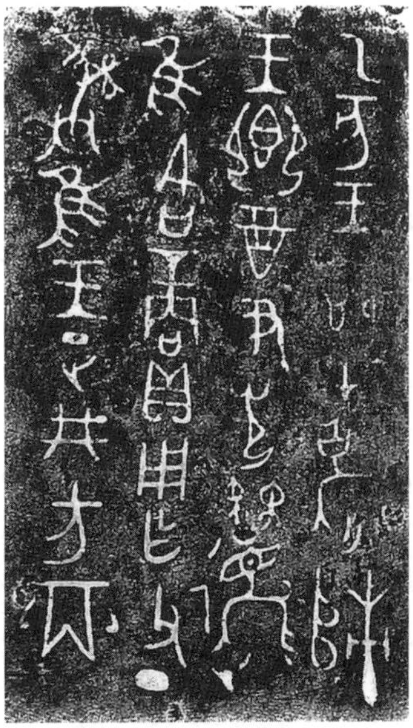

注：或稱邐方鼎，現藏英國倫敦不列顛博物館。

趩尊

注：或稱趩觶，現藏上海博物館。通常所知趩尊曾經葉志詵、費念慈、吴大澂、榮厚先後收藏，然《周金文存》卷五之金説中鄒安謂：「癸巳復過吴門，知已歸顧鶴逸。」據此，一八九三年左右趩尊當由蘇州書畫家及收藏家顧麟士收藏。

伯庶父匜

注：器形未曾著録，現由此拓可知。

郘鐘

注： 現藏上海博物館。郘鐘見之著録者十三件，上海博物館藏十件，臺北故宫博物院藏一件，英國倫敦不列顛博物館藏一件，還有一件據傳現在德國。

鬲父口爵　舉父辛爵

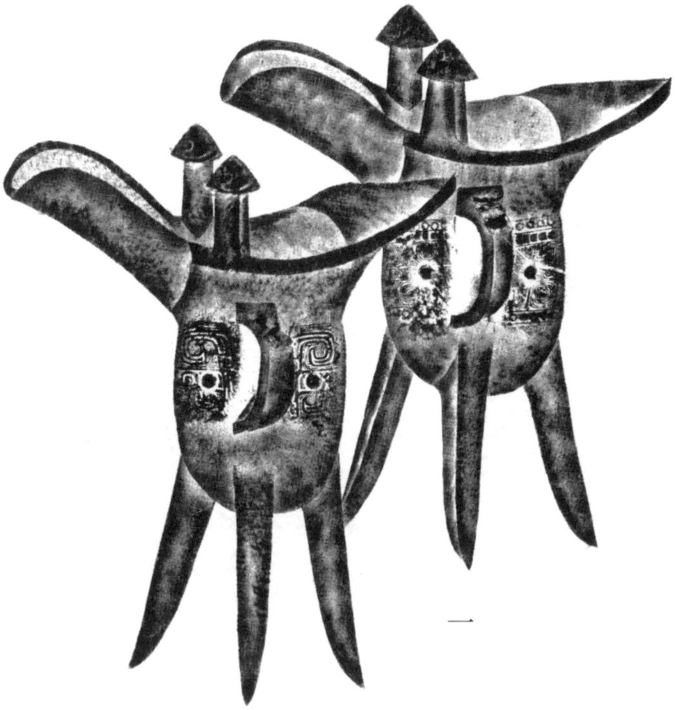

一　二

一

二

注：一、鬲父□爵又称融父己爵，或稱鬳父己爵。器形未見，由此拓可知。

二、舉父辛爵即上卷圖中的拱父辛爵，現藏上海博物館。據《積古齋鐘鼎彝器款識》二・九・一阮元按，此爵曾爲其所藏。器形未見，由此拓可知，並見附圖三。

象形鐘

注：此鐘無銘文，吴大澂誤將鐘之反面鉦部的圖案作爲銘文，收録於《愙齋集古録》一・一中。

注：或稱縈伯簋，器形未曾著録，由此拓可知。

作寶尊

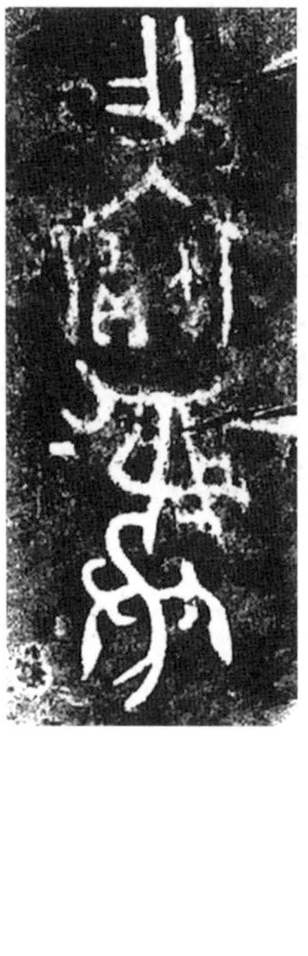

注：作寶彝尊，現藏故宫博物院。《商周青銅器銘文暨圖像集成》一一四〇三之作寶彝尊形制、紋飾介紹誤用了《周金文存》五・二三・二的另一件「作寶彝尊」之圖像，然在一一四〇〇尊則誤用此銘拓本，列爲另一件「作寶彝」尊，兩尊之間恐有誤用銘文拓本或圖像的情況。

鄧伯簋蓋

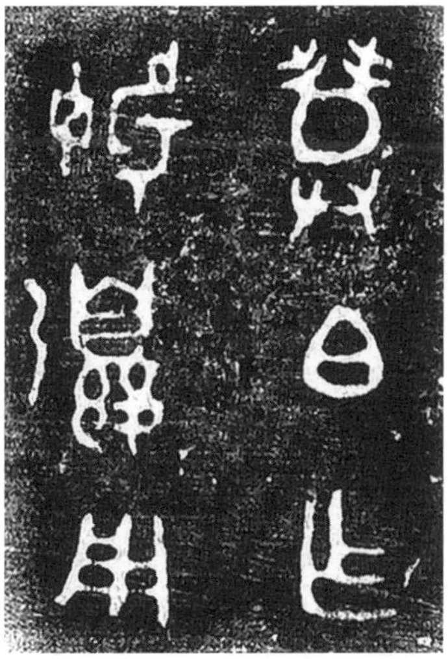

注：此爲鄧伯盨蓋，吴湖帆誤題爲「簋蓋」，現藏上海博物館。器形未曾刊布，由此拓可知，並見附圖四。

衛公叔敦

兩件

注： 衛公叔敦現稱賢簋，據羅福頤先生《三代秦漢金文著録表》：「光緒戊子河南出土。」愙齋所藏二簋，現均藏於上海博物館，由上海博物館一九五六年和一九五八年分别在廢品回收公司和上海冶煉廠揀選而得。然其中一件僅存蓋，器不知下落，當在那個年代被作爲廢銅爛鐵處理過程中遺失，甚是可惜。此賢簋蓋即《愙齋集古録》九・七・二、《殷周金文集成》四一〇四・一著録，《愙齋集古圖》中第二件「衛公叔敦」之上銘。所失之器當即《愙齋集古録》九・八・一、《殷周金文集成》四一〇四・二著録，《愙齋集古圖》中第一件「衛公叔敦」之下銘。上海博物館藏完整的賢簋之蓋銘即《愙齋集古録》九・八・二、《殷周金文集成》四一〇五・一著録，《愙齋集古圖》中第二件「衛公叔敦」之下銘；器銘即《愙齋集古録》九・九・一、《殷周金文集成》四一〇五・二著録，《愙齋集古圖》中第一件「衛公叔敦」之上銘。由此可見，《愙齋集古録》《殷周金文集成》著録是符合吴大澂所藏賢簋銘文的組合情况的，《愙齋集古圖》的賢簋銘文並未嚴格按照上器下蓋的方式排列，是隨意組合而成的。由於遺失一器，《商周金文資料通鑒》檢索系統〇五〇六八條誤認爲：「《集成》〇四一〇四著録的蓋、器兩拓本，並非同一套賢簋，今分爲兩件，蓋現爲上海博物館藏。」現據本圖拓本當可糾之。臺北故宫博物院藏賢簋一件，銘文與上海博物館藏賢簋相同，然器形、紋飾相距甚遠，帶有西周早期青銅簋的特點。這種現象較爲反常，因未曾目驗臺北故宫之賢簋，姑且存疑。

勺耳形卣

注：現作㔾耳卣，或稱危耳卣，現藏上海博物館。

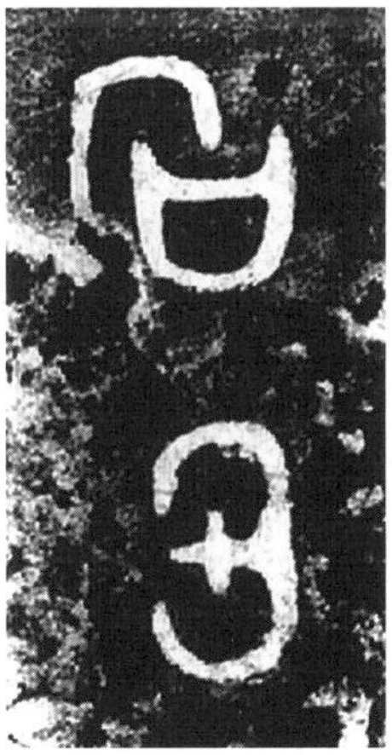

陸父甲角

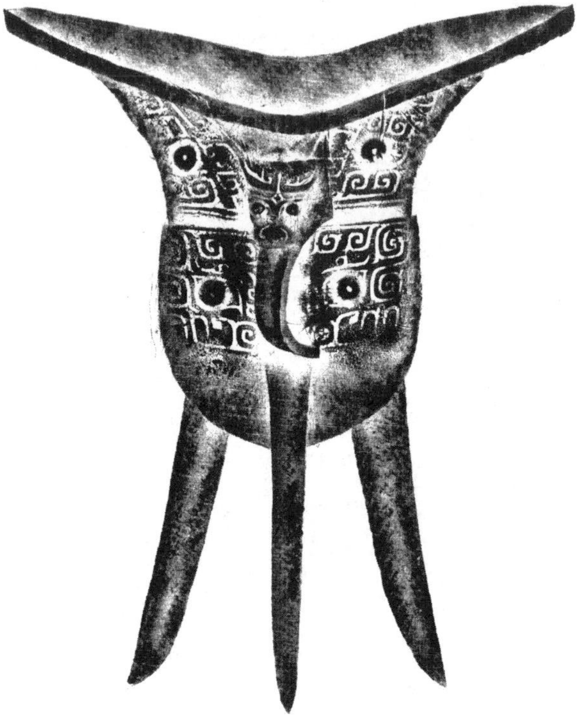

注：現藏上海博物館。

斿尊

子執旌形

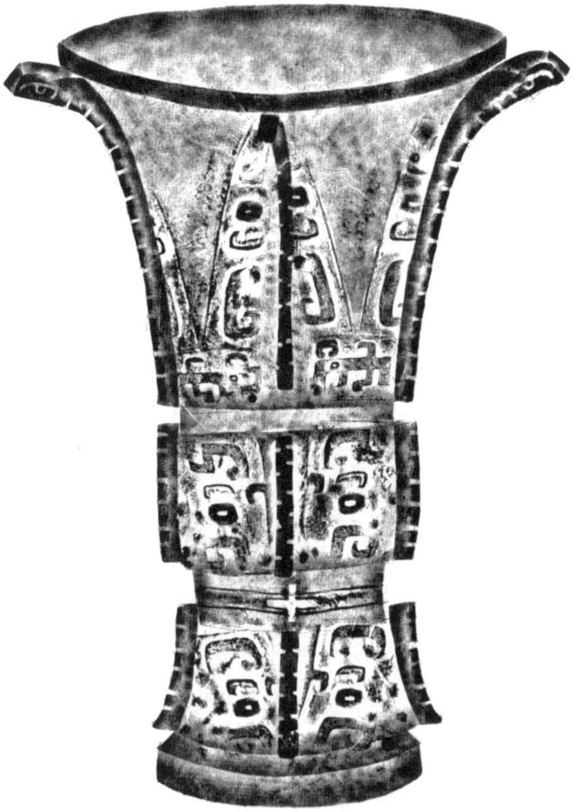

注：斿尊現或讀作旅尊、㫃尊，器形未刊，《筠清館金文》二·一三·一和《攈古録》一·一·四·二稱之爲彝，《綴遺齋》六·二·一稱之爲敦，由此拓可知爲尊。

弓矢觚

注： 原圖中弓矢觚和斿觚銘文誤换。弓矢觚現讀作庚户觚，以往著録多誤以爲觶，當糾之。

注：現藏上海博物館，斿觚現或讀作旅觚、㫃觚，器形未曾刊布，由此拓可知，並見附圖五。觚之口及頸之大部爲後配。

亞㦤冰鑑

疑方獻中層

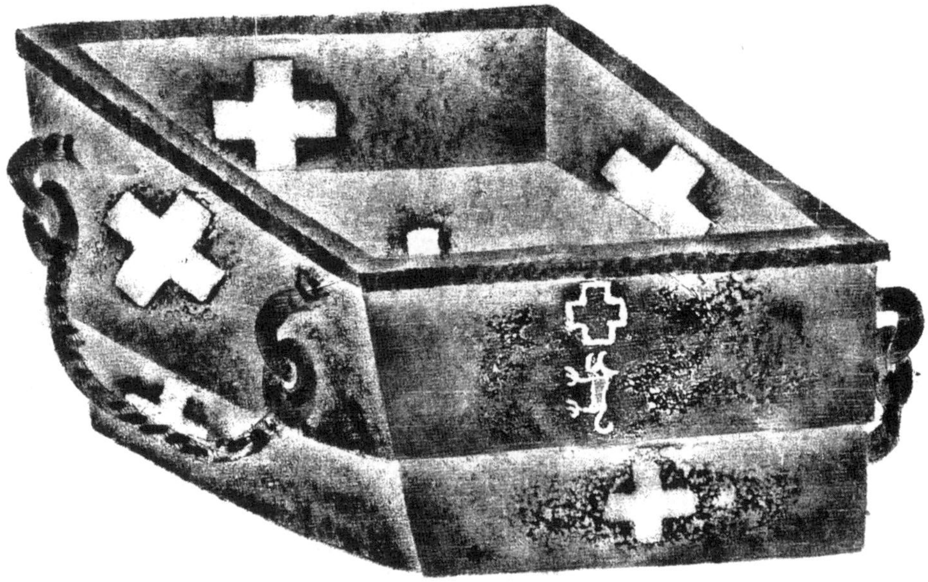

注： 未曾見於著録，器與一九九〇年河南安陽郭家莊西一六〇號墓出土的商代晚期弦紋方爐相似。然據拓本，其器壁與圈足均設大十字孔，甚不合理。存疑。吳湖帆「疑方獻（甗）中層」，非也。

萬罍

注：亦未曾見於著録，器形和紋飾均與商代早中期的大口有肩尊相像，如一九八〇年陝西城固縣龍頭鎮的商代中期獸面紋尊，但缺圈足。然此「萬」字銘文多見於商代晚期之器上，存疑。

賡鼎

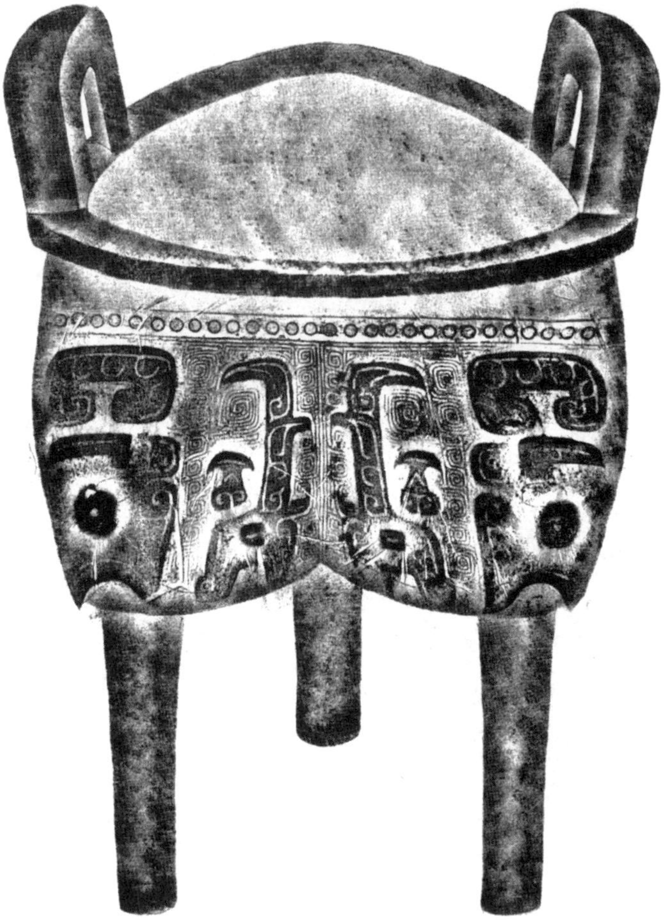

注：即上卷圖中的庚丙鼎。賡字當釋作庚丙，現藏故宮博物院，器形未見，可由此拓得知。

聿貝父辛壺蓋

注：從器形、紋飾看，應該是西周中期偏晚之後的方壺蓋，然銘文字體似乎較早。傳世同銘的有西周早期的尊、卣各一件，其中聿卣現藏上海博物館，此壺蓋銘文應仿自聿尊或聿卣。

亞形觚

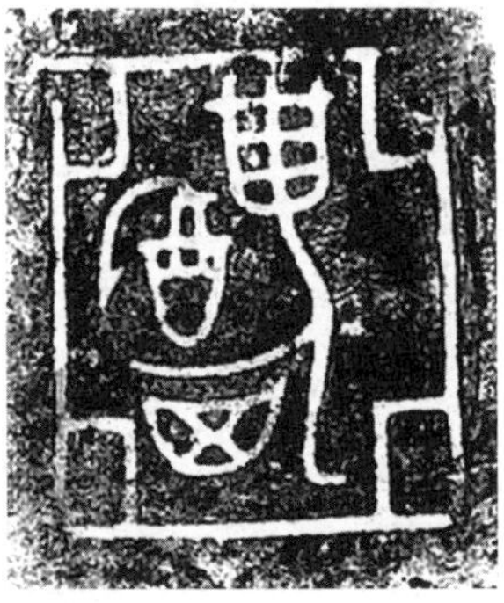

注： 現作亞䣳觚，或作亞醜觚，現藏上海博物館。

卲鼎

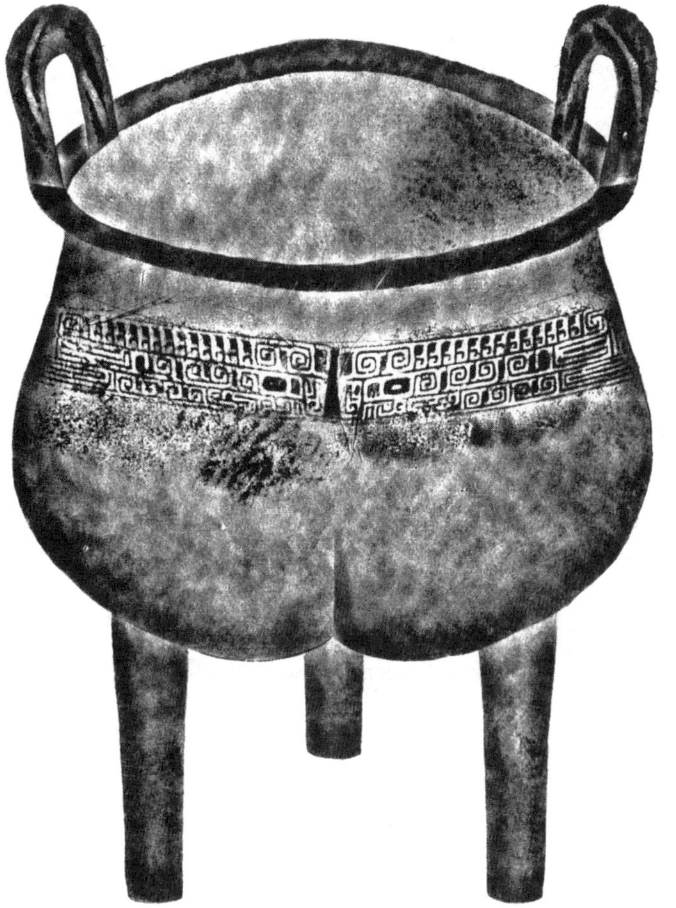

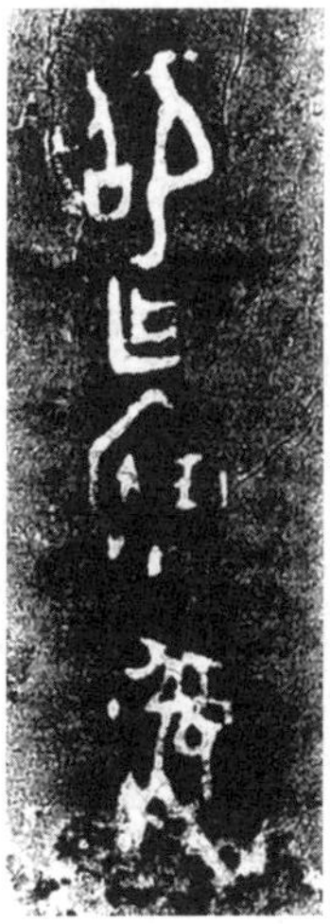

注：《殷周金文集成》一〇五四三著録稱之爲卲作寶彝器；《金文總集》二〇二五稱之爲簋。今由此圖可知其爲鼎也。

邦敦

注：邦當釋作扨，器形未曾著録，由此圖可知。據《周金文存》卷三，此簋後歸蘇州顧鶴逸所藏。

兄己觚

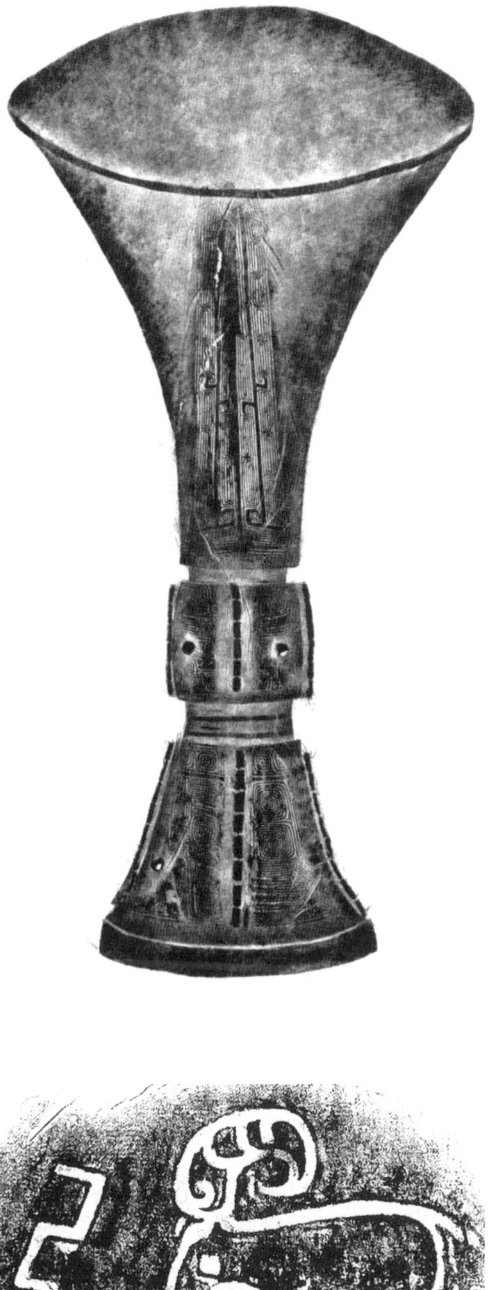

注：現作羊己觚，器形未曾著録，由此圖可知。

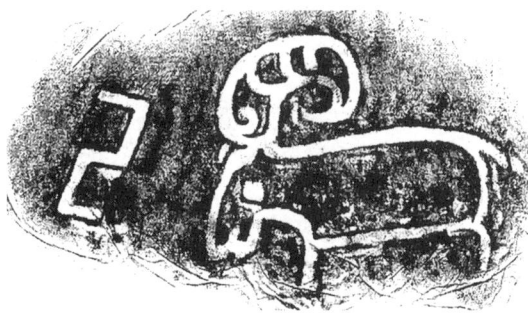

祖丁爵

注： 器形和銘文均未曾見諸著録。

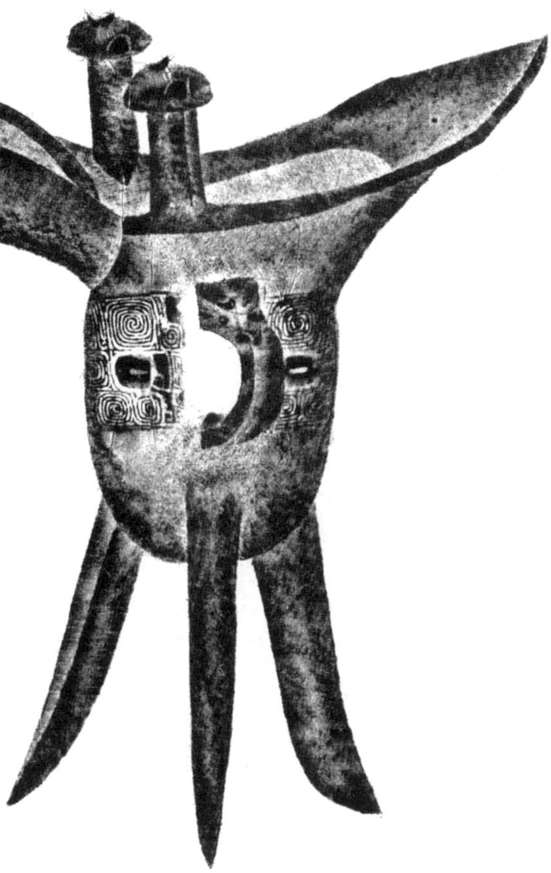

注：現藏上海博物館，器形由此拓首見，並見附圖六。

父辛爵　剛爵

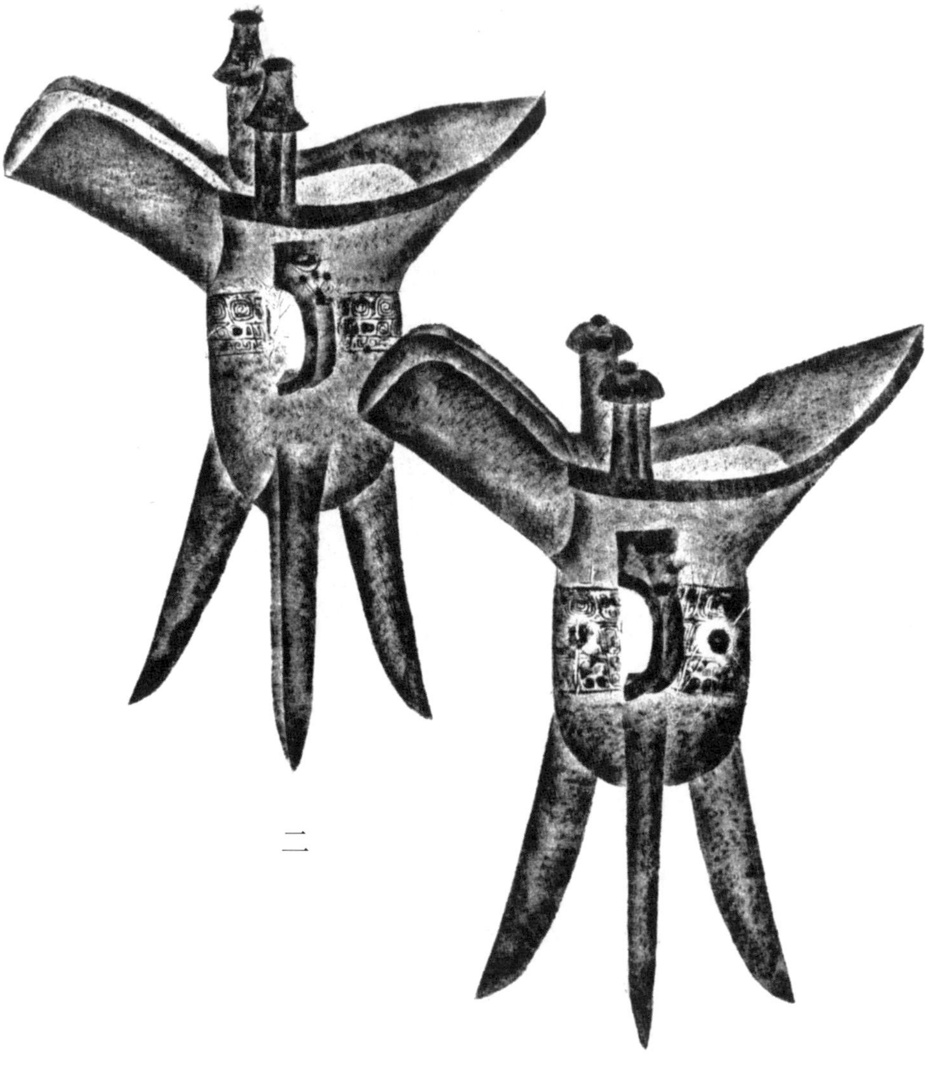

二

一

一

二

注：一、父辛爵現藏故宫博物院，據拓本首字或釋作「鼎」，器形由此拓首見。
二、剛爵現藏故宫博物院，器形由此拓首見。《周金文存》五·一二五·四，拓本下有「西蠡所藏」朱文印，此爵當後歸費念慈收藏。

父丁敦

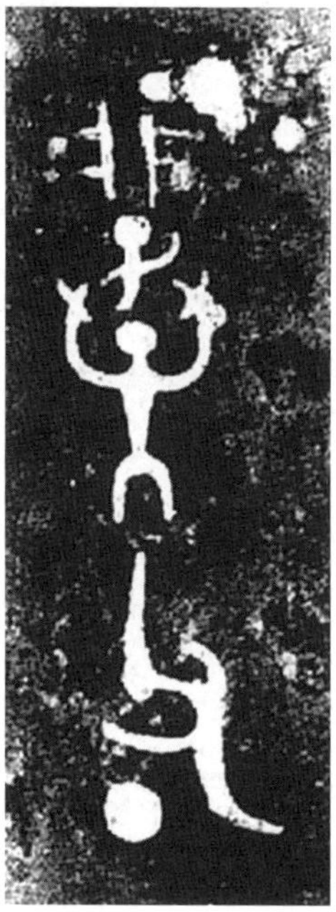

注： 即父丁簋，現稱冀父丁簋。以往著録中僅見器物綫圖，由此拓可見詳細。

江標題跋

昔嘗侍潘文勤師於京邸，出所藏古（吉）金各拓本以賜，且曰：「子爲吾如黄蕘圃百宋一廛故事〔一〕，成《攀古樓賦》可乎？」余謹謝以非今之思適對，然心竊願之。以文勤之藏，實足冠絶古今。若一一部居而賦之，真一絶大鉅製也。兹文勤已千古矣，六年以來迄未成句。今讀吾愙齋世伯《集古圖》三鉅卷〔二〕，收藏之富，鑒別之精，幾與文勤相等，且皆聚於吴縣，誠奇遇也。當敬求全目，濡毫執卷，合文勤所藏，成《兩金賦》，以夸示後來，愙丈當許吾也。光緒廿一年乙未（一八九五）十月，元和江標謹記於湘中使院之讀二通齋。

（鈐「藏十唐人寫經卷之室」白文長方印記，「建赮（霞）」「靈蒹（鶼）閣主」朱文印記）

（本卷鑒藏印：「梅景書屋吴湖帆潘静淑夫婦同珍之寶」「吴湖帆潘静淑珍藏印」「吴氏梅景書屋圖書印」朱文印記）

〔一〕黄丕烈（一七六三—一八二五），藏書家、版本學家、校勘學家。字紹武，號蕘圃、蕘夫，又號復翁，清江蘇吴縣人。乾隆五十三年（一七八八）中舉人，官主事，不久即回鄉從事校書、著述。生平好藏書，尤篤好宋本。當宋版書收藏滿一百部時，題其室爲「百宋一廛」，又稱「士禮居」或「求古居」。顧廣圻爲其作《百宋一廛賦》，而自爲之注。

〔二〕「巨」字前原有一「録」字，但其上有點删符號。

内簽

愙齋集古圖。

吴湖帆題畫中青銅器名

唐文安縣主墓志石〔三〕、追敦、漢大銅鼓、邢人鐘〔四〕、韓仲侈壺、宗婦般〔五〕、善夫克鼎〔六〕、考父辛卣、芮公鬲、趞曹鼎、季良父盉、兕己觚、乙亥方鼎、秦權、賡鼎、魯伯愈父匜、時大彬提梁壺、玉螭盃、愙鼎、漢銅鼓、叡父辛壺〔七〕、宗婦壺、史頌敦、作寶尊、宗婦鼎〔八〕、婦庚卣、邵鐘、立戈父丁敦、埶屋鼎〔九〕、建平鈁〔十〕。

〔一〕王同愈（一八五五—一九四一）：字栩園，號勝之，江蘇吴縣人。清光緒十五年（一八八九）己丑科二甲第二十二名進士，選翰林院庶吉士。曾歷官翰林院編修、順天鄉試同考官、湖北學政、江西提學使等。他以文出仕，雖久居官場，但官聲爲學名所掩。辛亥革命後，他退出政壇，隱居於嘉定南翔鎮，杜門謝客，潛心學問，編有《栩園藏書目》《栩園隨筆》等。王同愈不僅是吴大澂的同鄉，而且還是他的幕僚和門生。吴大澂去世後，《愙齋集古録》就是由王同愈主持整理出版的。

〔二〕印鈐倒了。

〔三〕據傳清嘉慶初年出土於陝西醴泉，爲乾州十人所得，後歸吴大澂。清代瞿中溶《古泉山館金石文編》云：「其文無撰書人姓名而典麗華美，字體亦工整有法，當出翰苑名公之手。」陸耀遹《金石續編》亦云：「書法在歐褚之間。」

〔四〕傳世邢人鐘共四件，吴大澂舊藏爲其中最大者，現藏上海博物館。

〔五〕宗婦鄁嬰盤，現藏上海博物館。

〔六〕愙齋收藏的是七件小克鼎中最大的一件，現藏上海博物館。

〔七〕叡壺現藏上海博物館，經將叡壺銘文拓本與《愙齋集古録》一三・一六・一之叡尊拓本比對，知其誤將叡壺歸爲尊類。

〔八〕宗婦鄁嬰鼎共七件，原均藏愙齋，現上海博物館藏其中三件，餘四件不知所在。

〔九〕《吴愙齋先生年譜》同治十一年（一八七二）引吴大澂贈汪葆田的屏幅拓本題記：「漢埶屋鼎舊爲諸城劉燕庭方伯所藏，刻入《長安獲古編》，翟氏《隸篇・再續目》僅載器文，無蓋文；器後『山陵造』三字亦未採入；蓋當時所據拓本不全耳。同治壬申愙齋得之都門廠肆。」

〔十〕《愙齋集古録》二五・一〇・二著録。

右愙齋公五十八歲像琴川胡琴涵先生所畫而衣服布景鐘鼎彝器圖屏山水等皆

吳江陸廉夫先生畫也　公另有五十八歲畫象亦胡陸二氏作面相如一時正在光緒十八年正

服闋入覲授命湘撫也（見後王文敏公跋）

圖中凡古器三十品商周彝器二十二秦權一漢器二鼓二

唐石一明匋一古玉一云丙子三月補識器名因記　孫吳湖帆謹識

吴湖帆题跋

右，愙齋公五十八歲像，琴川胡琴涵先生所畫。而衣服布景、鐘鼎彝器、圍屏山水等皆吴江陸廉夫先生（陸恢）畫也。公另有五十八歲畫象（像），亦胡、陸二氏作，面相如一，時在光緒十八年〔一〕，正服闋入覲授命湘撫也，見後王文敏公跋。圖中凡古器三十品，商周彝器二十二，秦權一，漢器二，鼓二，唐石一，明匋一，古玉一云。丙子（一九三六）三月補識器名因記。孫吴湖帆謹識。

〔一〕「時」後有一「正」字，上有點删符。

伯莽敦

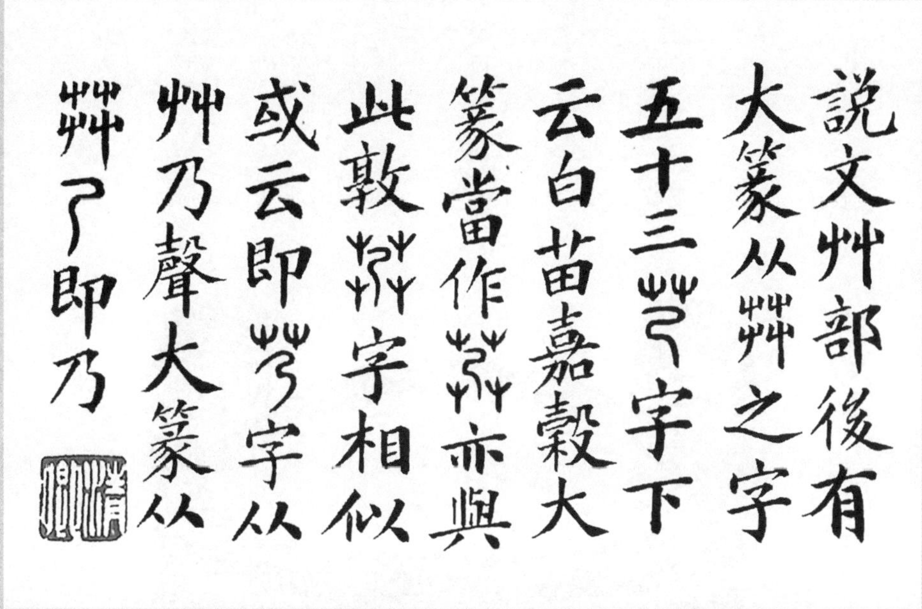

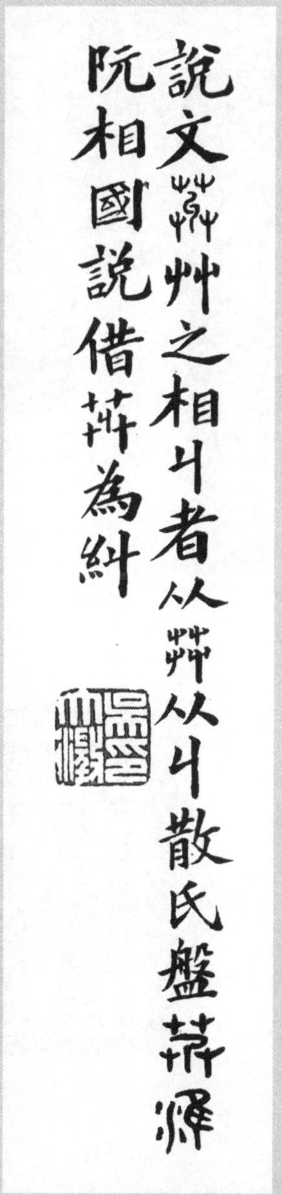

大澂題

《説文》艸部後有大篆从茻之字五十三，芑字下云「白苗嘉穀」，大篆當作[illegible]，亦與此敦[illegible]字相似，或云即艿字，从艸乃聲，大篆从茻，𠄎即乃。

（鈐「清卿」白文印）

《説文》：「[illegible]，艸之相丩者，从茻从丩。」散氏盤「莽淮」，阮相國説借莽爲糾。

（鈐「吴大澂印」白文印記）

注： 伯莽簋現藏上海博物館，器形由此拓首見，並見附圖七。

母癸鼎

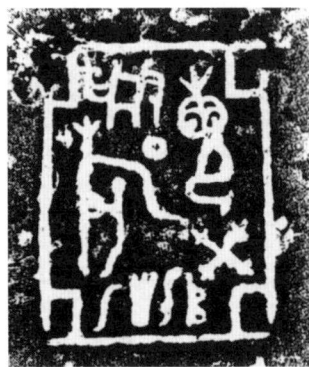

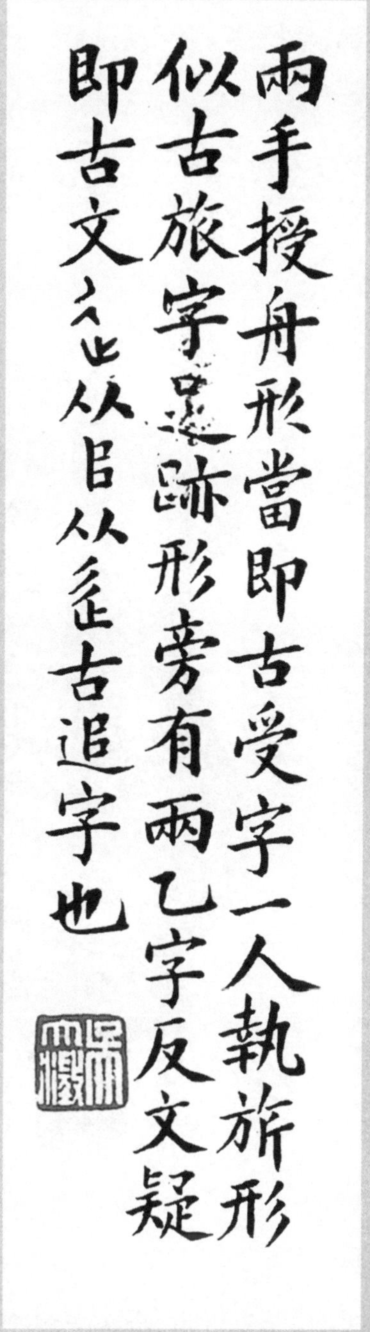

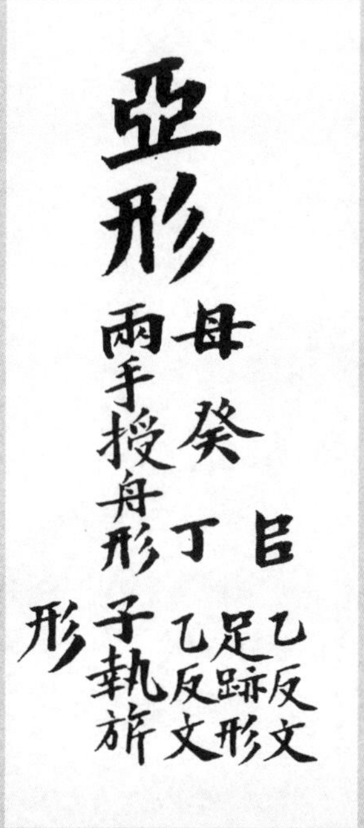

大澂題

兩手授舟形，當即古受字。一人執旂形，似古旅字。足跡形旁有兩乙字反文，疑即古文𨑥，从㠯从辵，古追字也。

（鈐「吳大澂」白文印記）

亞形　母癸　㠯丁　兩手授舟形　乙反文　足跡形　乙反文　子執旂形

注： 此拓本在裝裱時被倒置。現稱之爲亞若癸鼎，清宮舊藏。傳世另兩件亞若癸鼎均爲鬲鼎式樣，此作圜底鼎的式樣。對文字的釋讀部分未收録於《愙齋集古録》中。但吳大澂認爲「兩手授舟形，當即古受字，一人執旂形，似古旅字」。這兩字的釋讀到現在還是基本準確的。是鼎以往只有《西清古鑒》一·二八之綫圖，現由此全形拓可見真形。

蓋文　　器文

器似卣而四足其形如象古象尊也

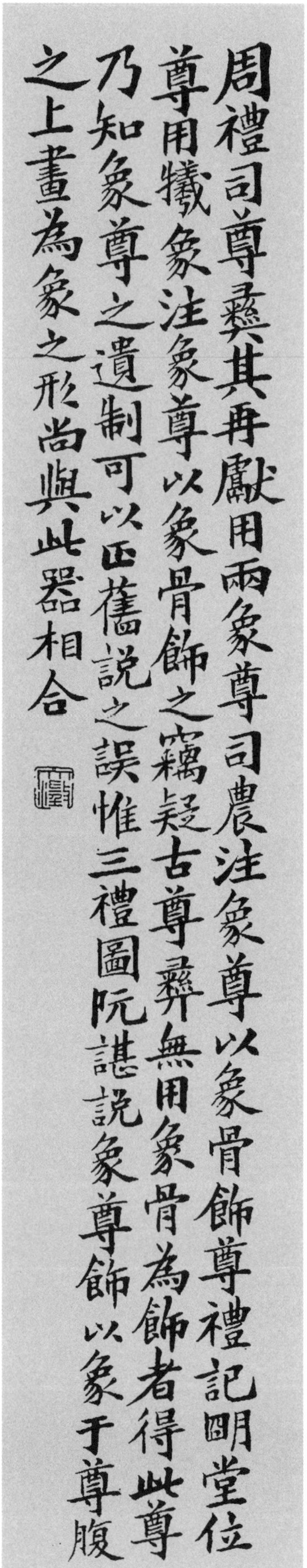
周禮司尊彝其再獻用兩象尊司農注象尊以象骨飾尊禮記明堂位尊用犧象注象尊以象骨飾之竊疑古尊彝無用象骨為飾者得此尊乃知象尊之遺制可以正舊說之誤惟三禮圖阮諶說象尊飾以象于尊腹之上畫為象之形尚與此器相合

大澂題

器似卣而四足，其形如象，古象尊也。

（鈐「十六金符齋」白文印記）

《周禮・司尊彝》「其再獻用兩象尊」，司農注：「象尊，以象骨飾尊。」《禮記・明堂位》「尊用犧象」，注「象尊以象骨飾之」。竊疑古尊彝無用象骨爲飾者，得此尊乃知象尊之遺制，可以正舊説之誤。惟《三禮圖》阮諶説象尊「飾以象于尊腹之上，畫爲象之形」，尚與此器相合。

（鈐「大澂」朱文印）

注：《愙齋集古録》中稱之爲半析木形足跡形壺，已知其與象尊有異。現此類器形稱之爲鴞卣。此器現藏上海博物館。器蓋之拓本均倒置，蓋銘當左旋九十度，器銘當右旋九十度。且蓋銘拓本似爲反相，彳旁應在右，圖中却在左，拓本不似照片製作時因底片倒置而形成反相，此拓本的反相如何形成，甚是有趣。據《吴愙齋先生年譜》光緒五年（一八七九）六月初一：「得象尊，并爲題記：『繩其祖武』之武，當作，从二止，象兩足隨行皃。止猶世，止止即世世子孫之意。世字通止，見吴彝、師遽敦。蓋作象首形，似卣而小，四足。《博古圖》以爲四足卣。光緒五年六月朔日，大澂得于河内。」六月八日致陳介祺信：「又於河内獲得象尊，其蓋作兩象首形，有鼻高出半寸，因悟卣蓋兩旁高出者，其始皆肖象鼻，後相沿爲蓋飾，《博古圖》有一器與此制同，彼以爲四足卣，非是。以此類推，卣器文大半皆刻象首形，疑皆古之象尊。鼎敨般壺匜簠簋盉鬲甗，皆著器名，獨卣銘無卣字，故尚可疑。若以字象器形，則西字上有提梁形，其制亦合。或卣爵斝觵觚觶，皆謂之尊。質諸長者，以爲然否。」（《吴愙齋尺牘》第四册）時吴大澂任河南河北道，駐武陟（見《年譜》同年「三月初三啓程，二日抵武陟。初六，辰時接印」。又《清史稿·職官三》：「河北道，兼河務、水利，駐武陟。」）武陟、温縣、河内縣等當時均屬懷慶府，一九六八年八月河南温縣城關公社小南張村商代墓葬出土有徙方鼎、徙簋、徙爵、徙斝等，表明徙族活動區域在此周邊，鴞卣應即在此附近出土。

魯公鼎

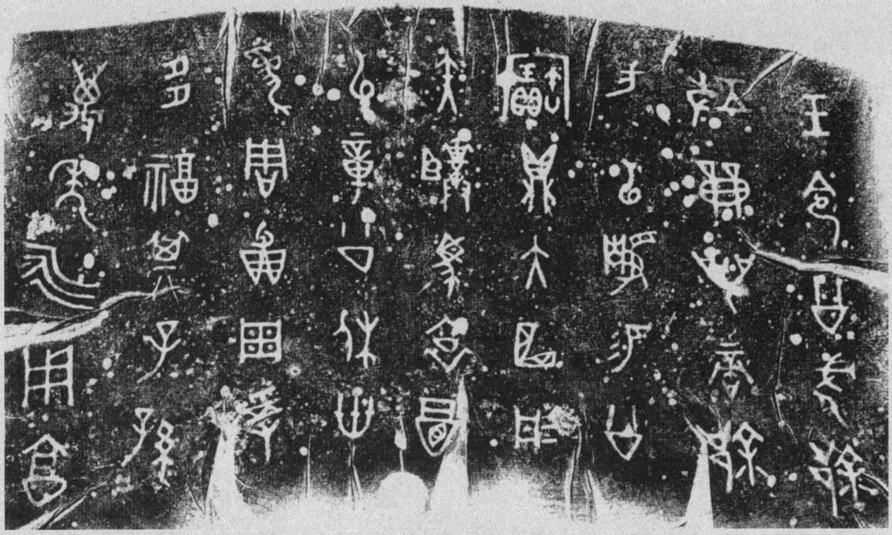

王命公伐徐
攻戰克敵徐
方以靜錫公
寶鼎大曲彤
矢僕馬袞瑁
以章公休世
為周輔周受
多福其子=孫=
萬年永用亯

大澂題

王命公伐徐，攻戰克敵，徐方以静，錫公寶鼎、大曲彤矢、僕馬衮瑁，以章公休，世爲周輔。周受多福，其子子孫孫萬年永用享。

（鈐「窓齋」朱文印記）

是鼎紀伐徐之功偁公而不名當即成王命魯公伯禽伐徐戎事費誓一篇可與此鼎相證也郐古徐字周禮雍氏注伯禽以出師征徐戎釋文徐劉本作郐沇兒鐘偁郐王則郐之僭妄可知䢵攻字反文□古戰字攻戰二字見阮書壹是鼎□古克字散氏盤□字阮文達釋作□與此相類啻敵省徐方見江漢詩□與靖同周宣王名靖史記作靜此云徐方以靜似非宣王錫召公之器且宣王自將伐徐戎召穆公從征非命召公伐徐也錫公寶鼎疑此鼎即所錫之器文似補刻非鑄笵大曲當係弓名左氏昭七年傳楚靈王享公於新臺好以大屈既而悔公反之注大屈弓名□字象弛弓形名類大屈又與形矢並偁其為弓名無疑瞨古文僕字見說文衮龍衮也說文天子享先王卷龍繡於下幅一龍蟠阿上鄉□即冒字考工記玉人天子執冒四寸注名玉曰冒者言德能覆蓋天下也白虎通瑁之為言冒也上有所覆下有所冒也說文瑁諸侯執圭朝天子天子執玉以冒之似犂冠古文瑁作玥此从□从目或即許氏所謂犂冠形有上下覆冒之意知古文冒字本不从玉也□即世三十為世或古文世世本一字非叚世為世□从父从□以義繹之當即輔字□疑黼黻之黼爾雅白與黑曰黼斧形也書益稷黼黻傳黼若斧形此字象兩斧相並大澂以為兩己相背為黻兩斧相並為黼輔弼之輔从黼得聲疑□字即□之古文後人改从用與斧形不類輔車之輔从車黼黻之黼从黹皆甫之孳生字也□舊釋魯大澂以為周字古文散氏盤周道作□公中鼎宗周之周作□□敦王在□亦當釋王在周合數器觀之仍以釋周為是世為周輔周受多福二周字不同文彝器中往往有之不足異也

大澂題

是鼎紀伐徐之功，偁公而不名，當即成王命魯公伯禽伐徐戎事。《費誓》一篇可與此鼎相證也。郐，古徐字，《周禮》雍氏注：「伯禽以出師征徐戎。」《釋文》：「徐，劉本作郐。」沇兒鐘偁郐王，則郐之僭妄可知。，攻字反文。，古戰字。攻戰二字見阮書叀鼎。，古克字；散氏盤字，阮文達釋作，與此相類。商，敵省。徐方見《江漢》詩。與靖同，周宣王名靖，《史記》作静。此云徐方以静，似非宣王錫召公之器，且宣王自將伐徐戎，召穆公從征，非命召公伐徐也。錫公寶鼎，疑此鼎即所錫之器，文似補刻，非鑄範。大曲當係弓名，《左氏昭七年傳》：「楚靈王享公於新臺，好以大屈，既而悔，公反之。」注：「大屈，弓名。」字象弛弓形，名類大屈，又與彤矢並偁，其爲弓名無疑。蹼，古文僕字，見《説文》。衮，龍衮也，《説文》：「天子享先王，卷龍繡於下幅，一龍蟠阿上鄉。」，即冒字，《考工記·玉人》：「天子執冒四寸。」注：「名玉曰冒者，言德能覆蓋天下也。」《白虎通》：「瑁之爲言冒也，上有所覆下有所冒也。」《説文》：「瑁，諸侯執圭朝天子，天子執玉以冒之，似犁冠。」古文瑁作珇，此从从目，或即許氏所謂犁冠形，有上下覆冒之意，知古文冒字本不从玉也。即世，三十爲世，或古文丗、世本一字，非叚丗爲世。从父从，以義繹之，當即輔字。疑黼黻之黼，《爾雅》：「白與黑曰黼，斧形也。」《書·益稷》「黼黻」，《傳》「黼若斧形」。此字象兩斧相並，大澂以爲兩己相背爲黻，兩斧相並爲黼。輔弼之輔从黼得聲，疑字即甫之古文，後人改从用與斧，形不類。輔車之輔从車，黼黻之黼从黹，皆甫之孳生字也。舊釋魯，大澂以爲周字古文。散氏盤周道作，公中鼎宗周之周作，敦王在周，亦當釋王在周。合數器觀之，仍以釋周爲是。世爲周輔，周受多福，二周字不同文，彝器中往往有之，不足異也。

（鈐「大澂」朱文印）

注： 吴愙齋對此鼎銘文考釋甚詳，尤以銘文所記之「王令公伐徐」可與《費誓》相證，及「郐」爲徐之古字而深得其重視。然從拓本看，此鼎銘文顯係僞刻。《愙齋集古録》自序中尚且提及此鼎，書中却未收録其拓本。應該是吴大澂去世後，编者已知該鼎銘僞，故未收。《周金文存》二·三〇收録有拓本，并注愙齋之後歸元和顧氏，現不知所在。《周金文存》一·四九收録有同銘「魯公鐘」，器形、紋飾猶如春秋時之句鑃，銘文字體相同，可證是同出一人之手之僞作。

大澂題之敦即免簋。

上官鼎

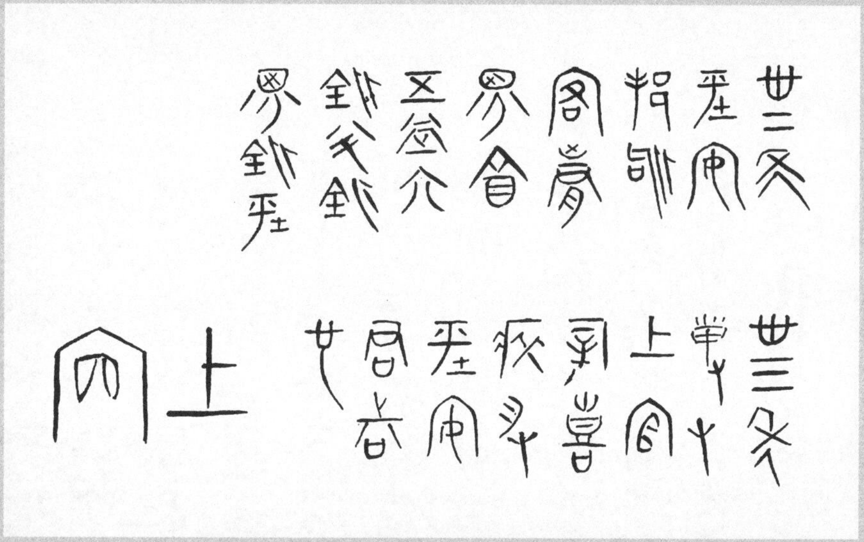

吴大澂摹

筠清館金文載梁廿有五年鼎文與此鼎刻文相似知為梁國器此梁孝王廿二年廿三年所刻文也坪即平土之異文坪安挹蚚客似官名不可攷[illegible]當即庸字與容通四分二字合文[illegible]即食五益六釿皆量名半釿四分釿者半釿之外又加四分釿之一也溢秦量名漢書食貨志黃金以溢為名注引孟康曰二十兩為溢此則省溢為益釿見古幣文即古斤字末言坪者平準也廿三年一面弟二行疑葬又二字又即右之省上官宰喜人姓名[illegible][illegible]不可識坪安君𠄞字下疑者字末也字與秦刻類後有上官二大字與長笏臣方伯所藏上官鼎似係一人所作

大澂題

《筠清館金文》載梁廿有五年鼎，文與此鼎刻文相似，知爲梁國器。此梁孝王卅二年、卅三年所刻文也。坓即平之異文，坓安𢬍斫客似官名，不可考。𢊁當即庯字，與容通。四分二字合文。𩙿即食。五益六釿皆量名。半釿四分釿者，半釿之外又加四分釿之一也。溢，秦量名，《漢書·食貨志》「黄金以溢爲名」，注引孟康曰：「二十兩爲溢。」此則省溢爲益。釿見古幣文，即古斤字。末言坓者，平准也。卅三年一面弟二行疑𦍌又二字，又即右之省。上官宰喜，人姓名。𡚬𠂤不可識。坓安君，「君」字下疑「者」字。末「也」字與秦刻類。後有上官二大字，與長笏臣方伯所藏上官鼎似係一人所作。

（鈐「清卿」白文印）

注：平安君鼎，現藏上海博物館。此鼎蓋、器各刻有銘文兩處，合計四處。此《愙齋集古圖》拓本僅用器銘「卅二年」一篇，然摹本收器上「卅二年」與「卅三年」兩篇銘文，吴愙齋題注中未提及蓋銘。《愙齋集古録》六·一九·二有蓋、器銘文各一篇，然蓋銘乃誤用器之「卅三年」銘文拓本。

長笏臣方伯即長賡，字笏臣，清同治年間曾任山東布政使。

大澂題之方伯所藏上官鼎當即十三年上官鼎，或稱梁陰令鼎。《愙齋集古録》六·二〇·一拓本旁有陳簠齋題記：「虎臣方伯此鼎與清卿學使及余所藏鼎相似而有不同，同寄清卿賞之。」《簠齋吉金録·鼎·梁上官鼎》銘文拓本旁，陳簠齋題有「吴清卿學使平安君是一時作，東武李方赤外舅鼎、東臬長公鼎并同爲周末梁器」，并自注「君下脱鼎字」。

彝當釋五朋[illegible]古寶字下口為銅繡所掩有同文之
徵子敦可證末云其用享于乃帝考非帝之子不能
尊其考為帝考商帝之子周王之客其為徵子所
作無疑想當時挹器歸周首崇宗祀遷播所至禮
數僅存鑄此鼎敦以供祭祀亦以見帝子之孤忠矣
窓齋所藏千古瓌寶

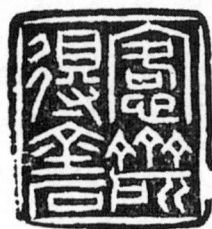

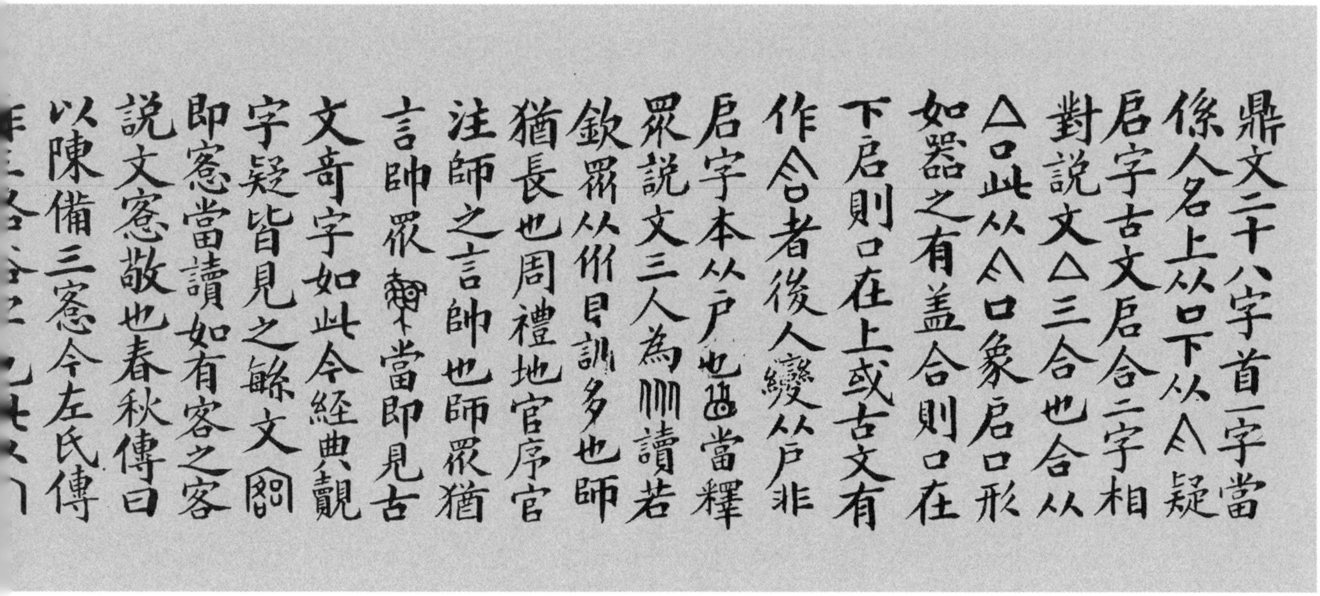
鼎文二十八字首一字當
係人名上从口下从亼疑
启字古文启合二字相
對說文亼三合也合从
亼口此从亼口象启口形
如器之有蓋合則口在
下启則口在上或古文有
作合者後人變从戶非
启字本从戶也當釋
眾說文三人為讀若
欽眾从㐺目訓多也師
猶長也周禮地官序官
注師之言帥也師眾猶
言帥眾當即見古
文奇字如此今經典覲
字疑皆見之緐文
即愙當讀如有客之客
說文愙敬也春秋傳曰
以陳備三愙今左氏傳

大澂題

鼎文二十八字，首一字當係人名，上从口下从亼，疑启字。古文启、合二字相對，《説文》：「亼，三合也。」合从亼口，此从亼口，象启口形，如器之有蓋，合則口在下，启則口在上。或古文有作合者，後人變从户，非启字本从户也。[glyph]當釋衆，《説文》三人爲[glyph]，讀若欽。衆从㐺目，訓多也。師猶長也，《周禮·地官·序官》注「師之言帥也」，師衆猶言帥衆。[glyph]當即見，古文奇字如此。今經典覲字疑皆見之緐（繁）文。[glyph]即愙，當讀如有客之客，《説文》「愙，敬也」，《春秋傳》曰「以陳備三愙」，今《左氏傳》作「三恪」，俗字也。此从宀从各右从[glyph]，與心字相類。《詩·振鷺》「我客戾止」，《傳》「客二王之後」，《序》云「有客微子來見祖廟也」。魯《詩》亦謂客爲微子，與毛《詩》序傳合。大澂謂愙即客之異文，周封三客，虞夏商之後也。

[glyph]當釋五朋。宔，古寶字，下口爲銅鏽所掩，有同文之微子敦可證。末云其用享于乃帝考，非帝之子不能尊其考爲帝考。商帝之子周王之客，其爲微子所作無疑。想當時，抱器歸周，首崇宗祀，遷播所至，禮數僅存，鑄此鼎敦以供祭祀，亦以見帝子之孤忠矣。

愙齋所藏千古瑰寶

（鈐「愙齋所得金石」白文印）

類詩振鷺我客戾止
傳客二王之後序云有
客微子来見祖廟也魯
詩亦謂客為微子與
毛詩序傳合大澂謂
愙即客之異文周封三
客虞夏商之後也

注： 愙鼎即師眉鼎，現藏南京博物院。《殷周金文集成》二七〇五注釋中稱「光緒中鳳翔出土（愙齋）」，查《愙齋集古録》等愙齋著述，未見此説。據《吴愙齋先生年譜》光緒二年（一八七六）：「又得愙鼎。光緒丙子三月，獲是鼎於長安。是鼎爲鳳翔周氏所藏，其友人攜至三原，余以百金購之。又有一敦（簋），與此同文，尚存周氏，余僅得其拓本耳。四月四日，在鳳翔試院與陳介祺、王懿榮書告得鼎事，并述所考。」查《吴愙齋尺牘》第二册之四月四日與陳簠齋書云：「日前，西安本棚試畢，有墨客自省中來，以一鼎索售，據云得之洛陽。文字至精，與鳳翔所出方鼎相類，有周愙字，有帝考字，疑爲微子之器。」由此可知，愙鼎（師眉鼎）吴大澂得之於鳳翔周氏，周氏又得之於洛陽，故此鼎最有可能的出土地應該是在洛陽附近。據《周金文存》卷二：「端忠愍（端方）撫吴，索是鼎，弟某即以爲贈，其不知愛惜名器，兩家子弟亦復相似，此吴門一段金石語（話）也。」據上海圖書館所藏吴湖帆重裝版《愙齋集古録》（中華書局出版），愙鼎後之吴湖帆注：一九四四年愙鼎出現在北平某古董鋪，遂「重值收歸」，并作「歸鼎圖」分贈諸友。

《周金文存》卷六後之卷二補遺收録有一件「愙鼎」全形拓，鄒安謂：「此又一愙鼎，非吴中丞器。銘本云『鼎二敦二』，據上跋鳳翔周氏有一敦，四器殆同出土。此銘長，與吴中丞一鼎作方形者不合，故《集古録》收入敦類，今獲此拓，知是鼎也。」經與上海博物館藏師眉簋銘文之拓本比對，可知此所謂愙鼎之銘文乃師眉簋銘文之拓本，應是當時有人將師眉簋銘拓本與師眉鼎的全形拓拼凑裝裱而成，此亦一趣事。大澂題之微子敦即師眉簋，現藏上海博物館。

季良父盉

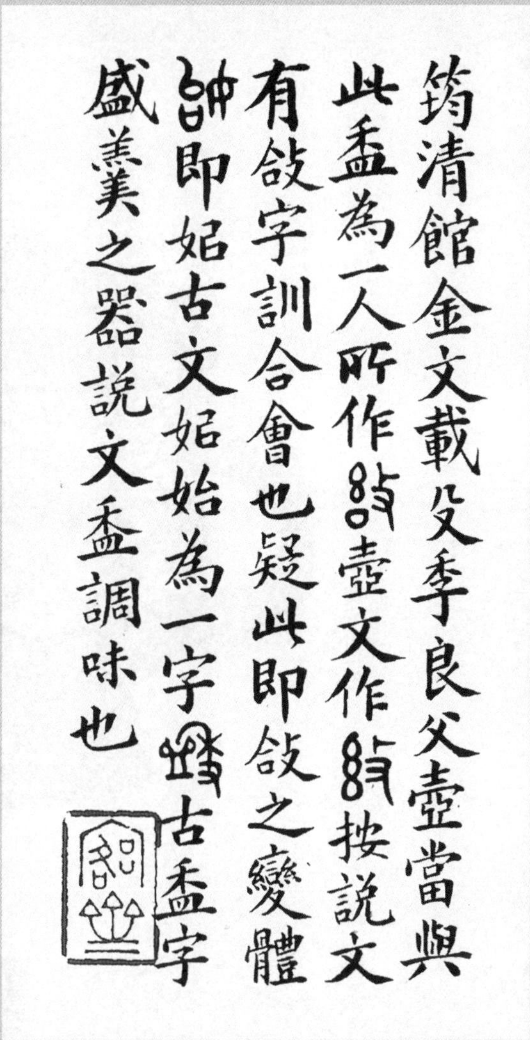

大澂題

《筠清館金文》載㚤季良父壺，當與此盉爲一人所作。□，壺文作□。按：《說文》有敆字，訓「合，會也」，疑此即敆之變體。□即姒，古文姒、始爲一字。□，古盉字，盛羹之器，《說文》：「盉，調味也。」

（鈐「愙齋」朱文印）

注： 季良父盉現藏舊金山亞洲藝術博物館，據《吴愙齋先生年譜》所附《愙齋先生所藏古器物目》，吴大澂自題云「得于都門」。此盉原爲清宫舊藏，《西清古鑑》三一・三五著録尚有盤龍形蓋，器如一九六一年十月陝西長安縣灃西公社張家坡西周銅器窖藏出土的伯百父盉。然吴大澂得到時已無蓋，當是自宫中流出時遺失。

大澂題之㚤季良父壺蓋現藏上海博物館。《小校經閣金文》四・九四・一著録有㚤季良父壺器銘，羅福頤《小校經閣金文僞銘録目》疑僞。

析子孫父乙彝

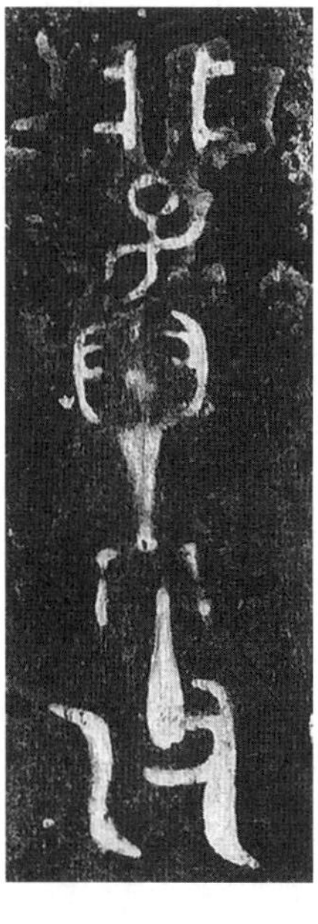

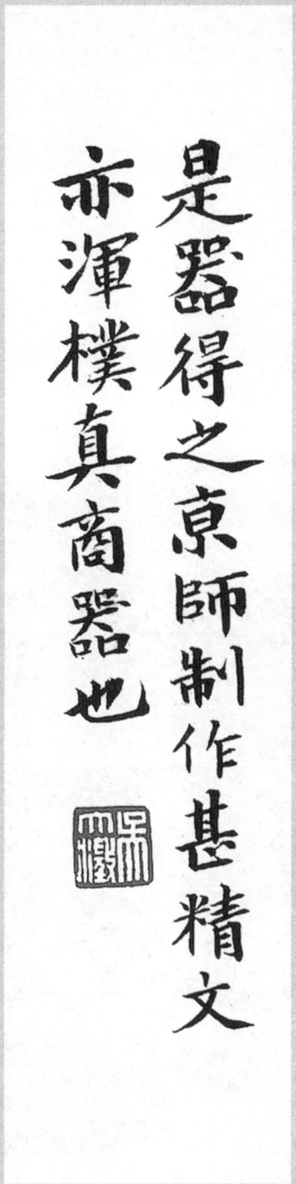

大澂題

是器得之京師，製作甚精，文亦渾樸，真商器也。

（鈐「吴大澂」白文印）

注： 现称圉父乙簋，藏上海博物館，《殷周金文集成》三一四六著録此簋拓本，但未注明是上海博物館藏，然同書三一四五另一件圉父乙簋却注上海博物館藏，恐是兩者誤换了。器形未刊，由此拓可知，並見附圖八。

太保鼎

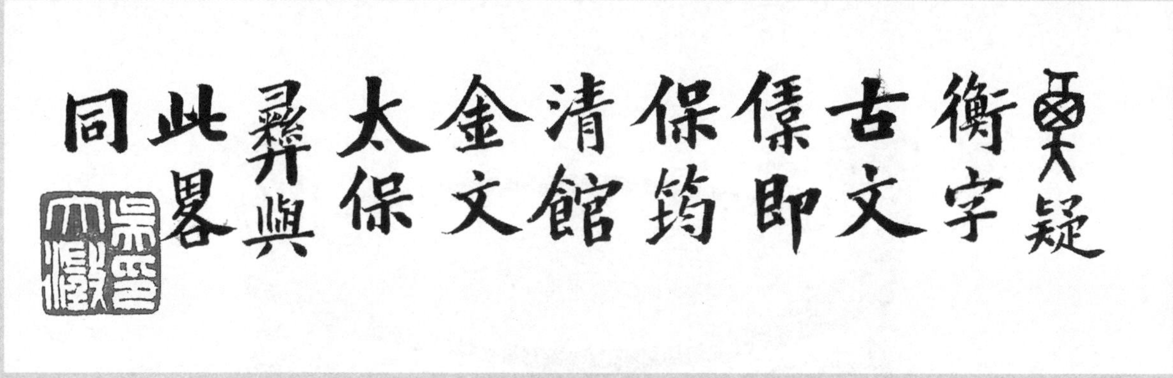

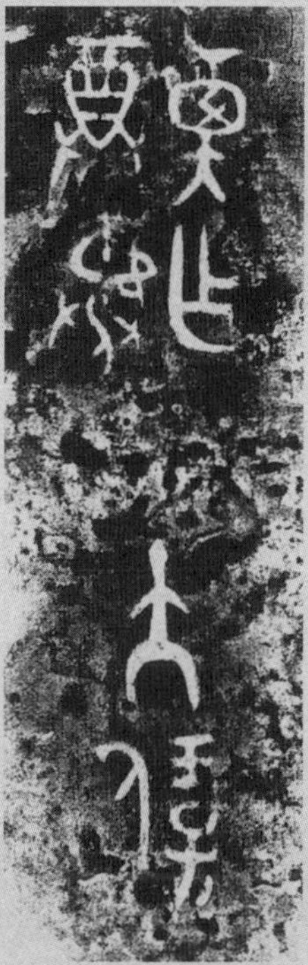

大澂題

吳疑衡字古文。傈即保。《筠清館金文》太保彝與此略同。

（鈐「吳大澂印」白文印）

注：上卷圖中名爲衡鼎。未曾見於著録。器形、紋飾及銘文均與山東壽張縣梁山出土的襔方鼎相似，唯作器者名不同，疑爲除鏽時誤剔筆道所致。《筠清館金文》五・一九・一收録有「大保彝」，釋爲「典作寶尊彝，太保」，作器者名之字形與愙齋太保方鼎之作器者名相近，器形不詳。

師奎父鼎

注：師奎父鼎現藏上海博物館，《愙齋集古録釋文賸稿》上册第一六頁云：「此鼎關中出土，舊爲諸城劉燕庭方伯所藏。」張孝達即張之洞。諸城劉氏即劉喜海。

大澂題

㚖字不見於字書，《筠清館金文》釋作寶，張孝達制軍釋作皇。《說文》：「皇，大也。」大部戴、奅、夽、奃、夰、𡘋、奄等字皆訓大。是鼎文弟三行，㚖字中畫近上，是王非玉，从大得義，从王得聲，讀若皇，當即太師皇父之器。《竹書紀年》周宣王二年錫太師皇父司馬休父命，此其册命之詞與。丼，古丼字。司馬丼伯右師皇父，《儀禮·覲禮》「太史是右」，注「右，讀如周公右王之右」。古者入覲之禮，必有相禮之人。右與侑同義，猶《特牲饋食禮》「祝侑主人拜」之侑。師虎敦丼伯內右師虎，當即此人。敦文係宣王元年錫召穆公之册命，此鼎係二年六月，相去亦不遠也。乎，古呼字。駒，內史名。《穆天子傳》「內史執策」，注「內史主册命者」。㦰市同黃，當讀韋韍絅衡。㦰即韋之緐（繁）文。市，古韍字，韠也。《説文》「韠，所以蔽前以韋，下廣二尺，上廣一尺，其頸五寸」。橫、衡古通，市之有橫，當即五寸之頸。同，絅省，《詩·豐》「衣錦褧衣」，《疏》云「絅與褧音義同」，《箋》云「絅，禪也，蓋以禪縠爲之」。此云㦰市同黃，謂以韎韋爲韍，以禪縠爲衡。《玉藻》所云「縕韍幽衡，赤韍蔥衡」。毛公鼎「朱市蔥黃」，頌鼎「赤市朱黃」，市衡二字皆連，屬名同而色不同耳。𤰈，古裳字，小篆作常。或釋束，非是。𤔲即琱，《漢書·貢禹傳》集注「琱字與彫同」。《國語》秦穆公衡雕戈出見使者，注「雕，鏤也」。此言戈琱，戈之有雕鏤者。戛，即戛，《説文》：「戛，戟也。」从百、从月，形相近。𤔲，當讀嗣。云官友者，猶毛公鼎之卿事寮、太史寮，《酒誥》之太史友、內史友，有及爾同寮之意。《爾雅·釋訓》「丕丕，大也」，此从二不，古文顯字。魯休猶言嘉休，追考當讀追孝，彝器孝考二字通用。𠭯中即刺仲，刺讀若列。眉壽之眉作𡖅，與它器異。此鼎舊藏諸城劉氏，今歸愙齋。

（鈐「大澂」朱文印）

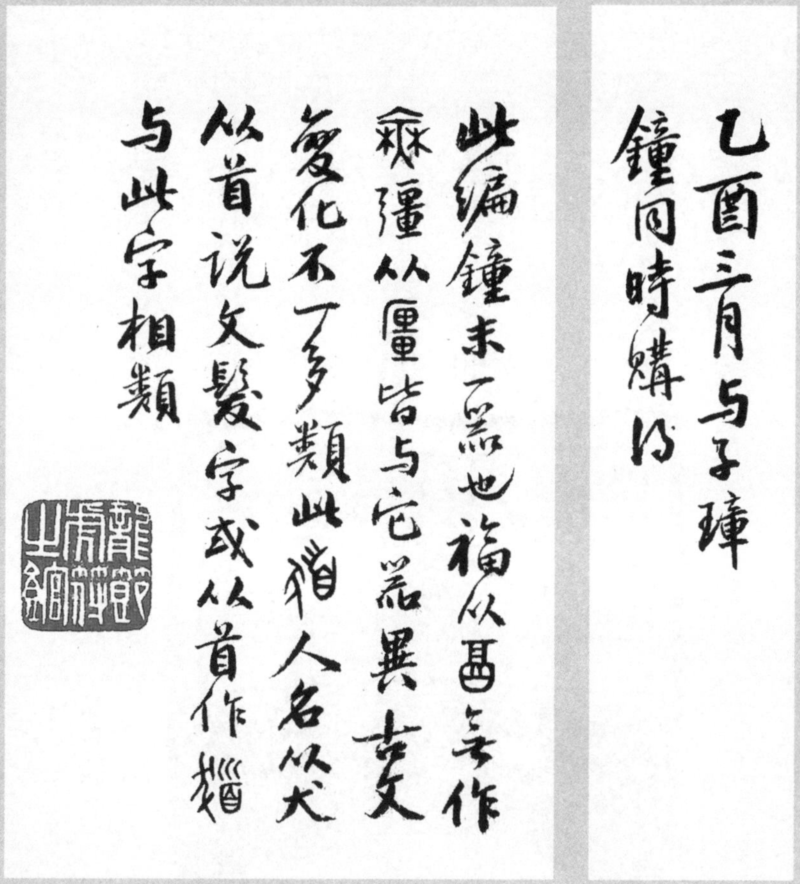

大澂題

乙酉（一八八五）三月與子璋鐘同時購得。

此編鐘末一器也。福，从西，無作𣞤，彊从畺，皆與它器異，古文變化不一，多類此。䭲，人名，从犬从首，《説文》髮字或从首作䭲，與此字相類。

（鈐「龍節虎符之館」白文印）

注： 福無彊鐘即䭲鐘。

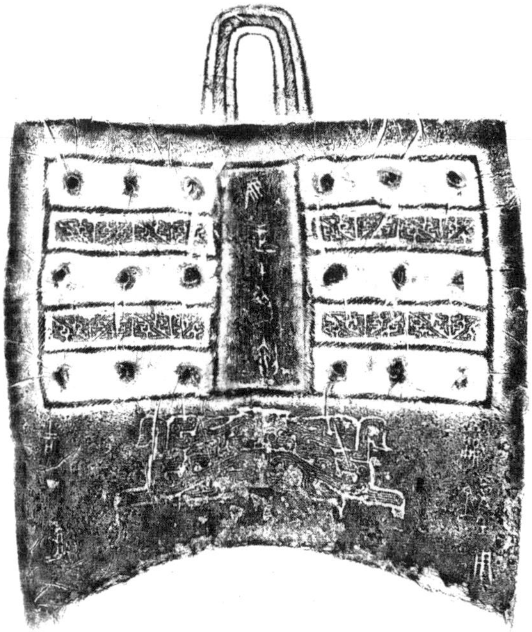

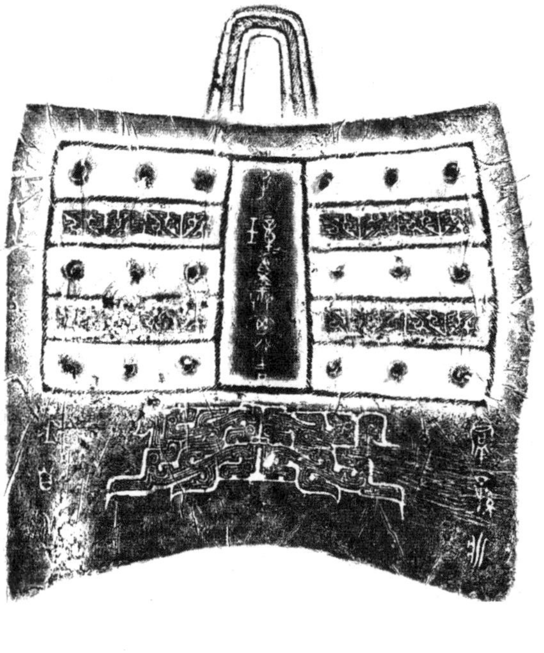

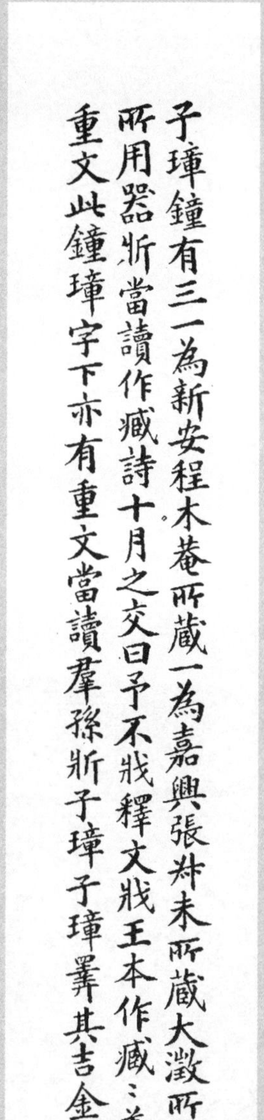
子璋鐘有三一為新安程木菴所藏一為嘉興張叔未所藏大澂所得編鐘器最小而文未完曰羣孫似祖廟所用器斯當讀作臧詩十月之交曰予不戕釋文戕王本作臧臧善也古文叚借多類此程氏鐘子字下有重文此鐘璋字下亦有重文當讀羣孫斯子璋子璋羼其吉金臧子猶沇兒鐘偁惄淑子也

大澂題

子璋鐘有三，一爲新安程木庵所藏，一爲嘉興張叔未所藏，大澂所得編鐘器最小而文未完。曰「群孫，似祖廟所用器。斯當讀作臧，《詩·十月之交》曰「予不戕」，《釋文》「戕，王本作臧。臧，善也」。古文假借多類此。程氏鐘子字下有重文，此鐘璋字下亦有重文，當讀「群孫斯子璋，子璋羼其吉金」。臧子，猶沇兒鐘偁惄淑子也。

（鈐「吴大澂」白文印）

注： 子璋鐘現藏上海博物館。
程木庵即程洪溥，字木庵，安徽徽州人。
張叔未即張廷濟，所藏子璋鐘現亦藏上海博物館。

立戈父丁彝

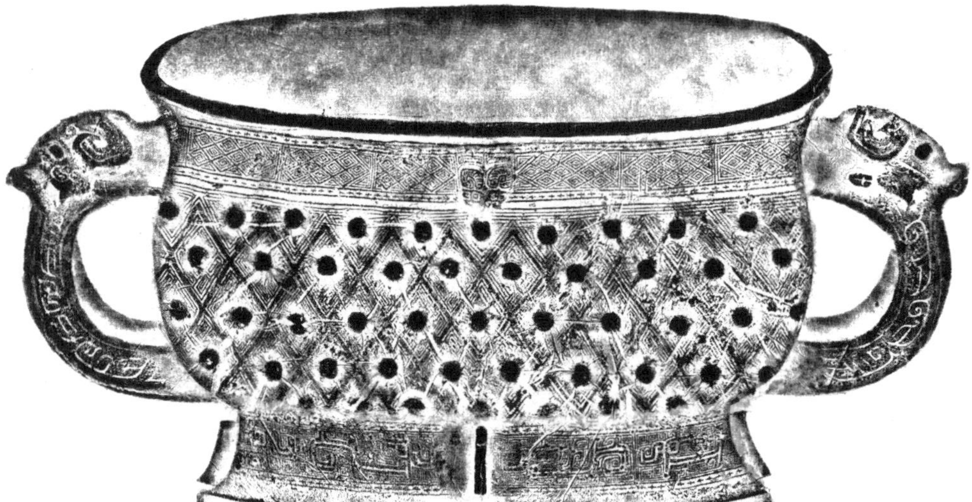

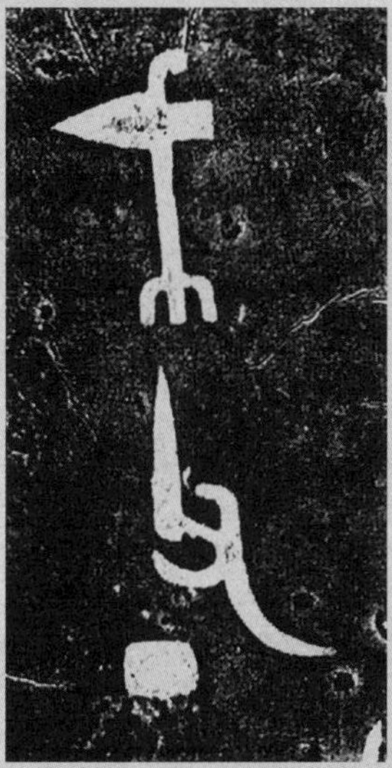

大澂題

關中出土，文器並精。愙齋得之長安市上。

（鈐「愙齋」朱文印）

注：即戈父丁簋，一九八〇年周之柏先生捐贈給上海博物館。

女歸卣

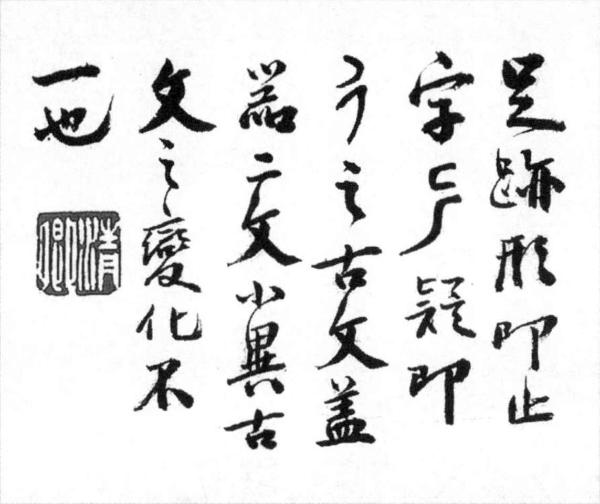

大澂題

帚即歸字古文，凡彝器有女歸字者，皆嫁女之媵器。□古聿字，象手執□。□，不律也。□或釋賡。

（鈐「大澂私印」白文印）

足跡形即止字，□疑即彳之古文。蓋、器二文小異，古文之變化不一也。

（鈐「清卿」白文印）

注： 現名婦聿卣，藏日本東京根津美術館。《愙齋集古圖》中吳大澂名其爲「女歸卣」，并考釋「帚」即「歸」字。《愙齋集古録》一八·一八改稱爲「婦庚卣」，表明吳大澂已意识到「帚」应该是婦字的一部分，并隸定出下一字爲「聿」，但他没有認識到「聿」是人名。同時他考釋了「賡」字，將器銘改定爲「婦庚卣」當是他認爲「賡」即「庚」，爲人名。兩卷圖中吳湖帆題爲婦庚卣，應該是根據吳大澂在《愙齋集古録》的定名而題。

史頌敦

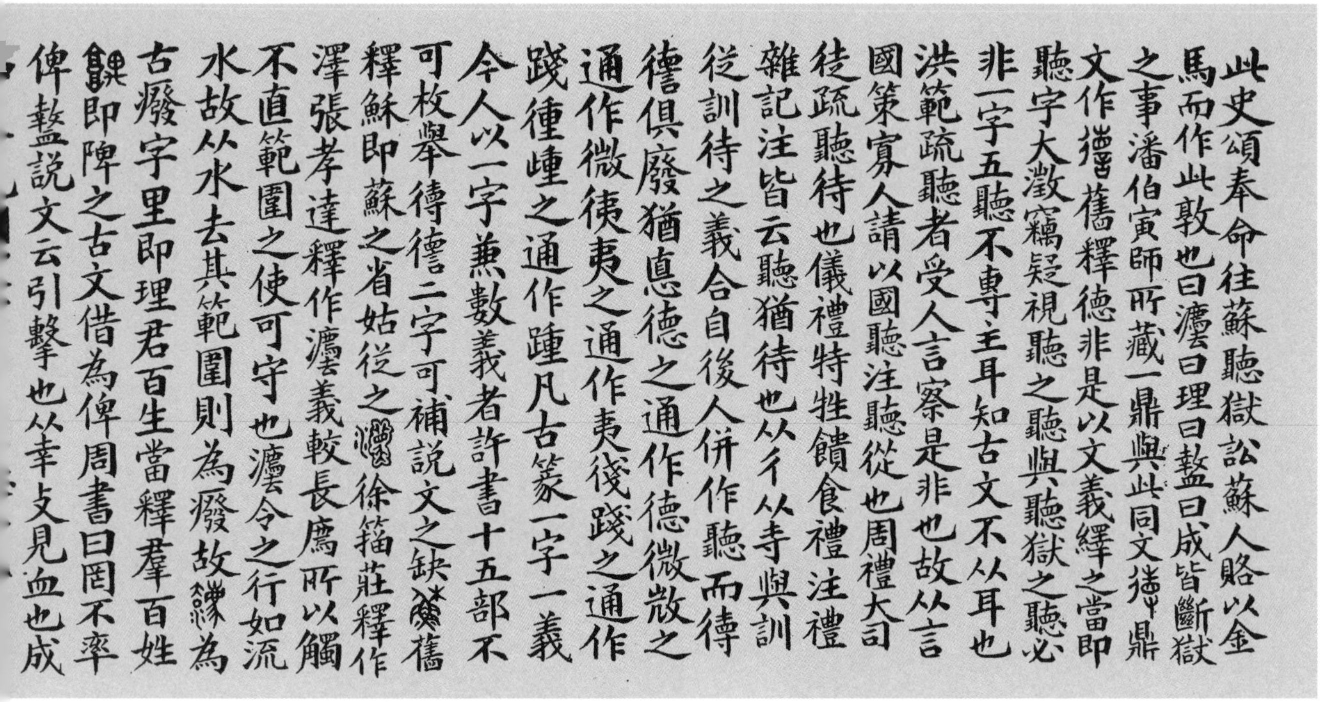
此史頌奉命往蘇聽獄訟蘇人賂以金
馬而作此敦也曰瀍曰理曰盩曰成皆斷獄
之事潘伯寅師所藏一鼎與此同文𢔶鼎
文作𢕟舊釋德非是以文義繹之當即
聽字大澂竊疑視聽之聽與聽獄之聽必
非一字五聽不專主耳知古文不从耳也
洪範疏聽者受人言察是非也故从言
國策寡人請以國聽注聽從也周禮大司
徒疏聽待也儀禮特牲饋食禮注禮
雜記注皆云聽猶待也从彳从寺與訓
從訓待之義合自後人併作聽而待
𢕟俱廢猶悳德之通作德微散之
通作微徯夷之通作夷𢓊踐之通作
踐徸𡍚之通作踵凡古篆一字一義
今人以一字兼數義者許書十五部不
可枚舉待𢕟二字可補說文之缺𦿆舊
釋穌即蘇之省姑從之瀍徐籀莊釋作
澤張孝達釋作瀍義較長廌所以觸
不直範圍之使可守也瀍令之行如流
水故从水去其範圍則為灋故灋為
古灋字里即理君百生當釋羣百姓
𨽍即𨸏之古文借為俾周書曰罔不率
俾盩說文云引擊也从幸攴見血也成

大澂題

此史頌奉命往蘇聽獄訟，蘇人賂以金馬而作此敦也。曰瀍、曰理、曰盩、曰成，皆斷獄之事。潘伯寅師所藏一鼎，與此同文。𢔶，鼎文作𢕟，舊釋德，非是。以文義繹之，當即聽字。大澂竊疑視聽之聽，與聽獄之聽，必非一字。五聽，不專主耳，知古文不从耳也。《洪範》疏「聽者，受人言，察是非也」，故从言。《國策》「寡人請以國聽」，《注》「聽，從也」。《周禮·大司徒》疏「聽，待也」。《儀禮·特牲饋食禮》注、《禮·雜記》注皆云「聽，猶待也」。从彳从寺，與訓從、訓待之義合。自後人併作聽，而待、𢕟俱廢，猶悳、德之通作德，微、散之通作微，徯、夷之通作夷，𢓊、踐之通作踐，徸、𡍚之通作踵。凡古篆，一字一義，今人以一字兼數義者，許書十五部不可枚舉。待、𢕟二字可補《說文》之缺。𦿆，舊釋穌，即蘇之省，姑從之。瀍，徐籀莊釋作澤，張孝達釋作瀍，義較長，廌所以觸不直，範圍之使可守也，瀍令之行如流水，故从水，去其範圍則爲灋，故灋爲古灋字。里即理。君百生當釋群百姓。𨽍即𨸏之古文，借爲俾，《周書》曰「罔不率俾」。盩，《說文》云「引擊也，从幸、攴，見血也」。成事，事平也，《周禮·方士》「司寇聽其成于朝」，注「成，平也」。《禮·文王世子》「獄成有司讞于公」，注亦訓成爲平。王命史頌往穌聽獄，友理者兩造對質之，謂師俾者，群百姓皆率從也。盩于成周，治其有罪者，擊之于成周，而獄事以平。賓从宀从貝，宀古賓字，以貝賂賓，當即賂字古文。章馬，文馬也，穌人賂以章馬四匹、吉金，史頌榮之，因作鼎敦紀其事。此折獄公平而訓以金馬，非賄賂也。𤔲疑祥字古文，借爲吉祥之祥。覭，鼎文作𧢨，即顯之異文，與虢季子白盤孔𧢨又光同。

（鈐「大澂」朱文印）

亦訓成為平王命史頌往穌聽獄友理
者兩造對質之謂帥俾者羣百姓皆
率從也盩于成周治其有罪者繫之
于成周而獄事以平賓从宀从貝宀古賓
字以貝賂賓當即賂字古文章馬文馬
也穌人賂以章馬四匹吉金史頌榮之因
作鼎敦紀其事此折獄公平而訓以金
馬非賄賂也遷疑徉字古文借為吉
祥之祥鼎鼎文作覞即顯之異文與
虢季子白盤孔覞又光同

注：史頌簋，現藏日本東京書道博物館。《吴愙齋先生年譜》光緒元年（一八七五）：「八月，得史頌敦（簋）、仲阜敦（簋），并得叔男父匜於長安。史頌敦（簋）、仲阜敦（簋），是中南物。」《愙齋集古録》卷一〇，在另一件史頌簋的注釋中吴大澂云：「是敦（簋）愙齋曾自藏，今歸劉省三中丞矣。」又據《吴愙齋先生年譜》之《愙齋所藏吉金目》史頌敦（簋）下記載吴大澂自題云：「是敦（簋）得之關中，辛卯（一八九一）秋間攜至金陵，已歸劉省三中丞」。由此可知吴大澂當時購藏有兩件史頌簋，其轉給劉省三所藏之史頌簋，現藏上海博物館。

韓仲侈壺

注： 鷊中多壺。《吴愙齋尺牘》第一册之同治十三年甲戌（一八七四）正月五日給陳簠齋書中寫道：「惟中多壺最爲可愛，銅質厚重渾樸，滿身紅緑，底作卝文，與他器異。字口有紅鏽細點甚堅，不可動，未經刀剔。按《國策》公仲朋，舊本作韓明或作韓朋，王氏《讀書襍志》辯之甚詳。得此可證侈之誤朋，由古文多字不作人旁，後遂相沿爲朋爲明，其説不一。因疑首一字爲韓字古文，又按古幣多戰國時物，有[illegible]、[illegible]、[illegible]、[illegible]、□諸字，疑皆韓字。」信後附言又云：「前年購得中多壺時，適伯寅先生屬廉生至廠肆訪之，力索不得，大濳遂秘藏之不敢示人。三代彝器人名見於史傳者率多傅會，尊藏陳侯因資一敦及太公和器（子和子釜）與敝藏中多壺均尚可據資字多字並足訂今本之誤，尤于詁訓有裨。」《周金文存》卷五之金説謂：「今聞已入歐洲博物院。」

芮公鬲

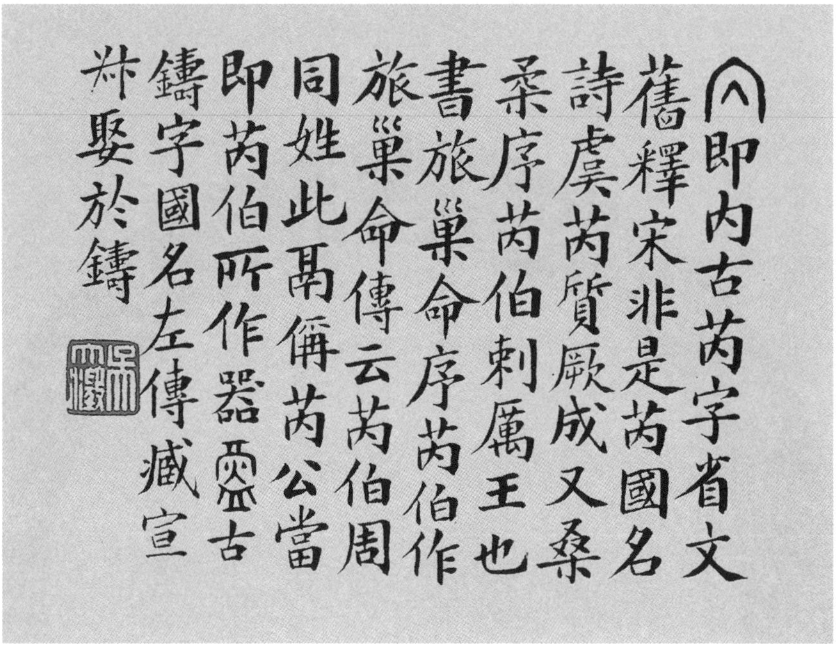

大澂題

芮公作鑄京氏婦叔姬媵鬲，子子孫孫永用享。

即内，古芮字省文，舊釋宋，非是。芮，國名，《詩》「虞芮質厥成」，又《桑柔序》「芮伯刺厲王也」，《書·旅巢命序》「芮伯作旅巢命」，《傳》云「芮伯，周同姓」。此鬲偁芮公，當即芮伯所作器。盄，古鑄字，國名，《左傳》「臧宣叔娶於鑄」。

（鈐「吳大澂」白文印）

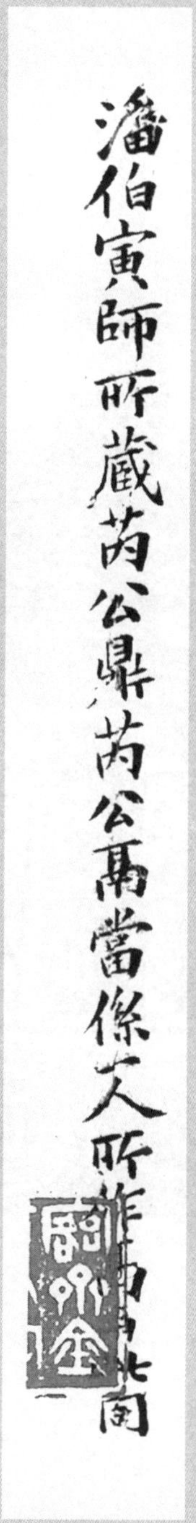
潘伯寅師所藏芮公鼎芮公鬲當係一人所作鬲與此同

潘伯寅師所藏芮公鼎、芮公鬲當係一人所作，鬲與此同。

（鈐「窓齋金……」白文印）

注： 現藏美國舊金山亞洲藝術博物館。

本圖拓本當係分別所拓並題簽，裝裱時有裁剪，故此「潘伯寅」條題簽鈐印不全。

克鐘

注： 現藏上海博物館。

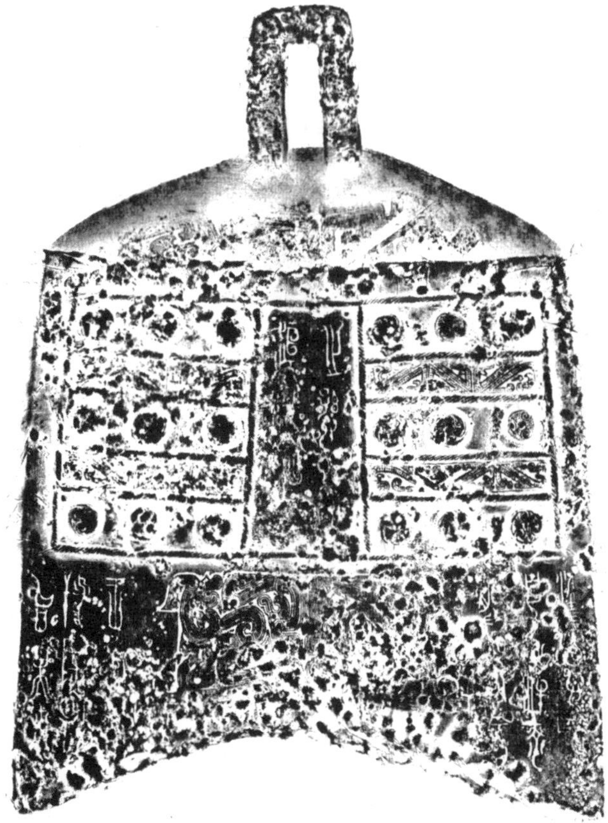

注： 現稱者汈鐘，藏上海博物館，傳河南洛陽金村古墓出土。

舉父己方鼎 二器

注： 冂父己方鼎兩件，現均藏上海博物館。《殷周金文集成》一六〇九、一六一一分別著録，然僅名之冂父己鼎。其中一六〇九未注收藏單位，一六一一注明上海博物館藏。此二銘曾長期被誤爲卣銘，《奇觚室吉金文述》六·三·二著録其中之一，然誤爲卣。《奇觚室吉金文述》六·一八·三著録另一銘，却誤爲觶。《小校經閣金文》二·一六·八和二·一七·一分別著録二銘，均稱之爲鼎。

然四·一九·六㝬父己卣銘文拓本疑即㝬父己方鼎銘文拓本之一。《貞松堂集古遺文補遺》卷中·三·一著録冂父己卣之蓋器銘文摹本，題記：「據拓本録《奇觚室吉金文述》，但著器文，故更録之。」《續殷文存》卷上七四·五和六著録所謂冂父己卣器蓋銘文，然均爲同一件方鼎銘文拓本的重複。總之，在衆多著録中，只有《小校經閣金文》二·一六·八、一七·一，《殷周金文集成》一六〇九和一六一一的著録是基本準確的，但《殷周金文集成》四九六五又將此二方鼎铭文误作冂父己卣蓋铭和器铭。此外，《西清彝器拾遺》一和《殷周金文集成》一六一〇著録有頤和園舊藏的▼父己方鼎，器形、紋飾均與兩件冂父己方鼎相同，僅冂和▼有異，當屬同一組器。兩件方鼎器形均未刊布，由此拓可知，并見附圖九、附圖十。

婦⿵門⿱豕豩尊

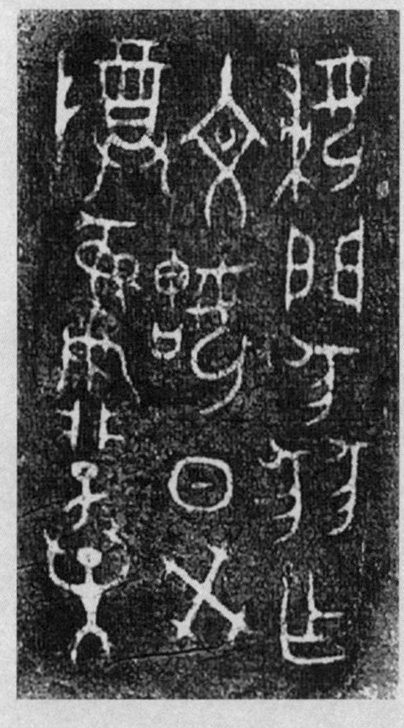

注：即婦闔罍，吴湖帆誤名之爲尊。《殷周金文集成》九八二〇著録蓋銘，并注「各書誤作甗，現據廣東省博物館藏品訂正」。《金文總集》五五七五：「原作甗，實乃罍，器在日本大阪江口治郎處，蓋藏廣東省博物館。」查《日本蒐藏支那古銅精華》第三册二〇六器，江口治郎所藏確爲甗，且對照銘文拓本，也非婦闔罍之器銘。《金文總集》之説不知由何緣起？婦闔罍之器不知現存何處。器形未見刊布，此圖首見。

注： 季貞方鬲，現藏美國哈佛大學賽克勒美術博物館（著録一般稱之爲哈佛大學福格美術博物館。現哈佛大學博物館分兩部分，福格美術博物館主要收藏西方藝術品，賽克勒美術博物館主要收藏東方藝術品）。《吴窓齋先生年譜》光緒十五年（一八八九）：「十一月朔日，丁艮善新得方形銅器，製作甚奇，先生借觀，并爲考定。『尊藏亞形方器，疑方鼎，下盛火之器，古文鼎字有作⿱鼎火者，知鼎下當有火，此三代古制，不易見也。是鼎爲烹飪之器，與鬲甗爲類。留翫數日再繳。』……二十日，丁艮善所藏方形銅器，先生考定爲⿱垔金，即函商讓：『尊藏小方爐，其名當謂之⿱垔金；敝藏一器下有門者與此正相類。一則與上方鼎相連，一則與鼎不相連耳。漢時薰爐略相似，此則祭器而非用器。閣下得之甚廉，弟則喜其罕見，故以四十金奉酬。幸哂存，勿謙遜也。季鼎⿱垔金銘文一紙奉鑒定。』『方⿱垔金價減至卅金，似不可再少，鑒納是幸，萬勿再讓。』」顧廷龍先生在此後按曰：「季鼎⿱垔金鬲作⿱垔金，惟此一見。是器銘文，向未著録。今上虞羅氏始據拓本橅（模、摹）入《集古遺文》，不詳來歷。讀先生手札，始知其爲原藏丁氏，後歸窓齋；不僅⿱垔金之爲文爲異體，而器之製作，亦罕覯也。」

疐匜

注：即疐觥，現藏美國哈佛大學賽克勒美術博物館。

仲義父簋

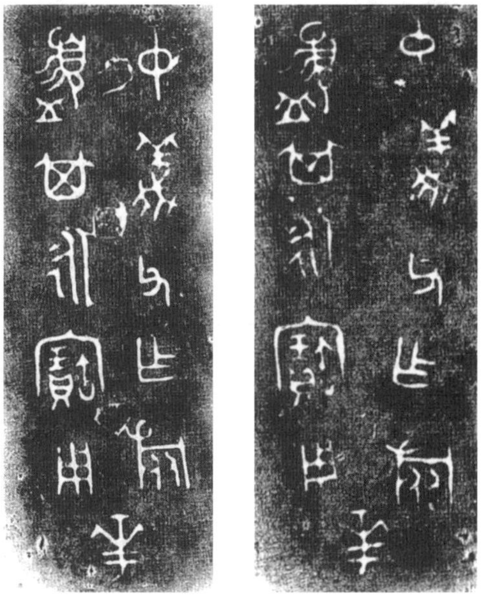

注：即仲義父盨，器形未曾刊布，此圖首見。光緒年間陝西扶風縣法門寺任家村西周銅器窖藏出土有仲義父器多件，其中上海博物館收藏有五件仲義父鼎（據銘文可分爲兩組）、兩件仲義父鐳。仲義父諸器的出土時間，葛亮先生新近的研究認爲是在光緒十四年（一八八八）。參見氏著《大克鼎的出土地、出土時間及相關問題》（蘇州博物館編《攀古奕世：清代蘇州潘氏的收藏》，鳳凰出版社二〇一六年）。

雞父乙鬲

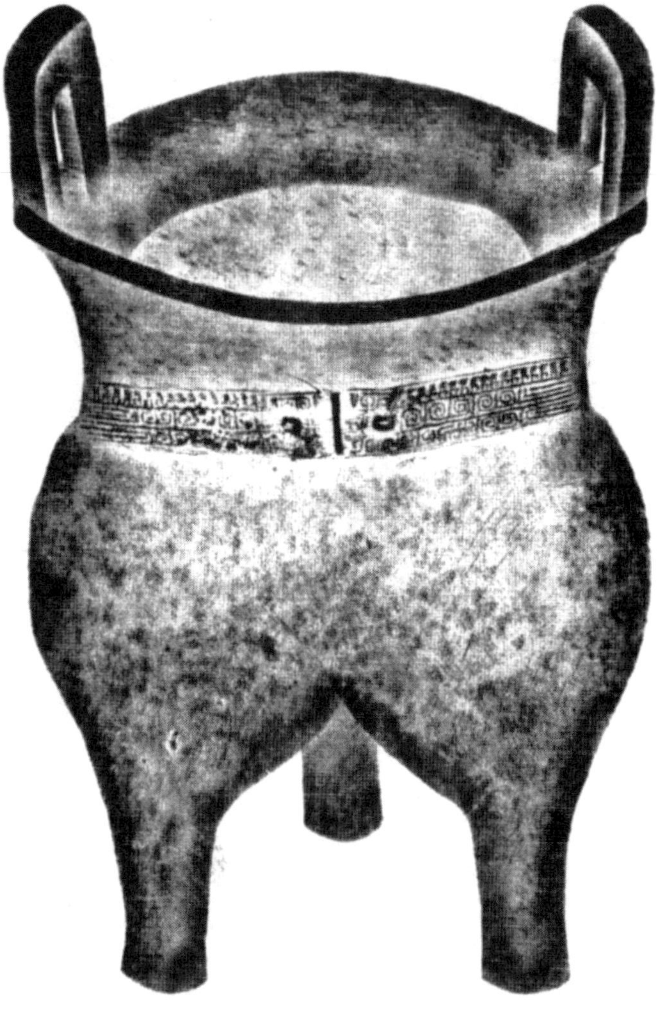

注：即鳥父乙鬲，現藏首都師範大學歷史博物館。

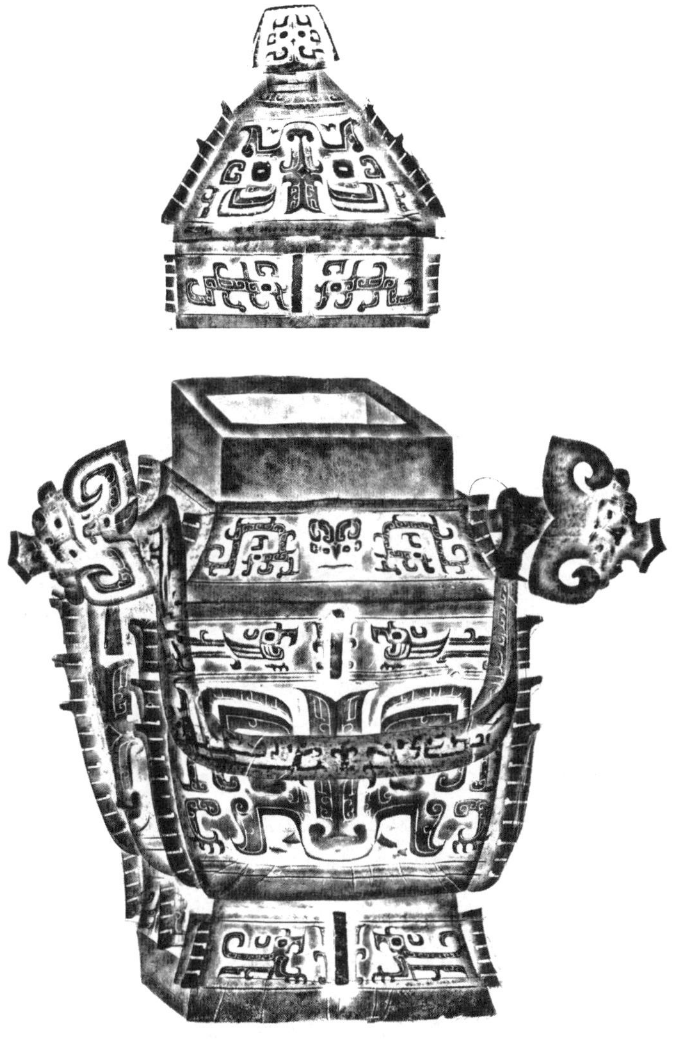

注：即小臣系方卣，近日上海博物館從日本私人收藏家處購回入藏。

曆盤

注：曆盤現藏上海博物館。器形未見，由此拓可知，並見附圖十一。

立戈形爵

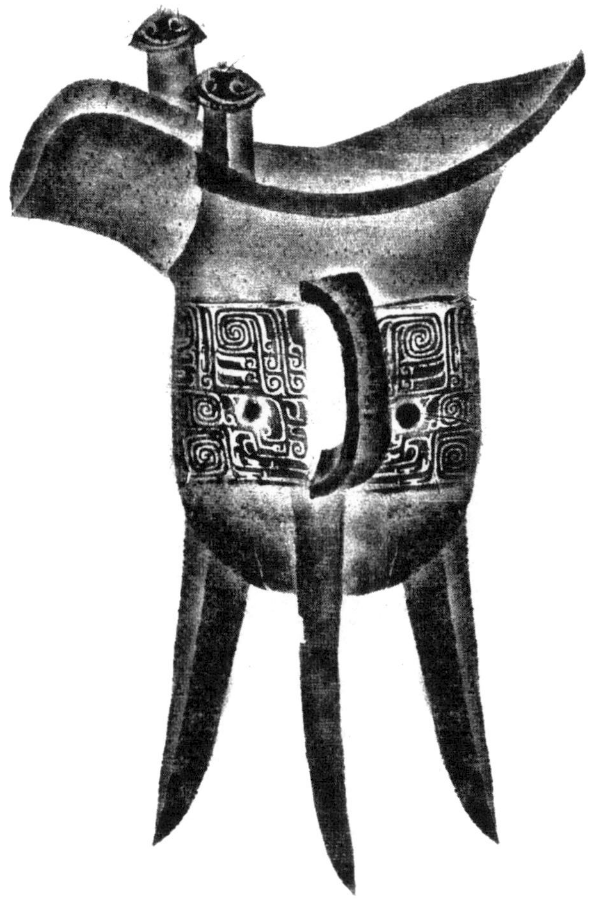

注：即戈丮甲宁爵，或稱⿰女丮亞中爵，現藏蘇州博物館。

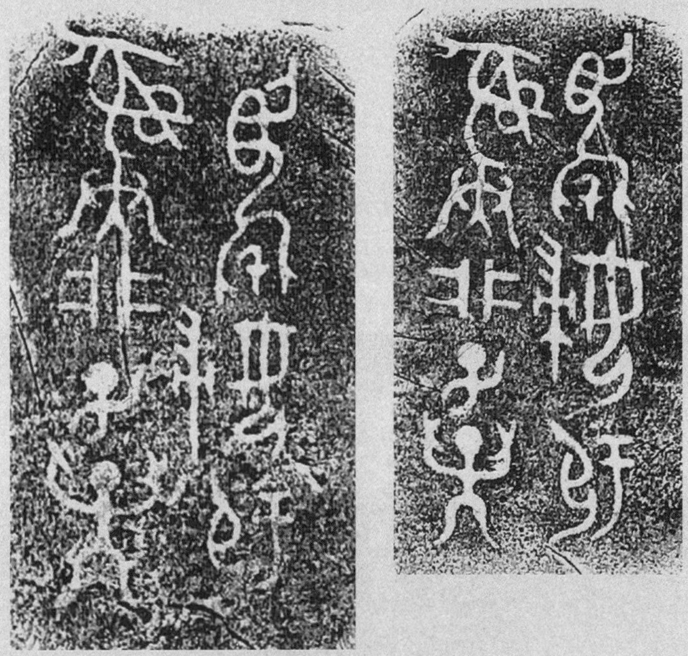

注：即亀婦爵，據《吴愙齋先生年譜》所附《愙齋先生所藏古器物目》記載，在其中一爵拓本上吴大澂自題云：「是爵愙齋得之山左，賈人云『衍聖公府内燼餘器，當時出土有二爵，其一爲濰縣賈人所得，不知流落何所矣』。」在另一爵拓本上吴大澂自題云：「是爵係友人尹伯圜在濰縣爲大澂所得，伯圜曰：『出土時有二爵，惜其一爲人購去。』余曰：『已得之矣。』相與撫掌大笑。」《商周青銅器銘文暨圖像集成》一七卷之〇八四六四與〇八四六五亀婦爵拓本似乎是同一件亀婦爵銘文拓本的重複。

注： 己祖乙尊器形未曾刊布，由此圖可知。

師釐敦

注：即師𠭰簋，現藏上海博物館。

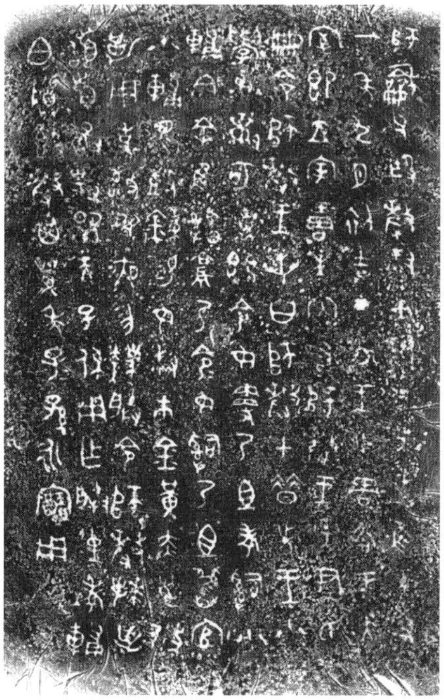

辛宮鼎

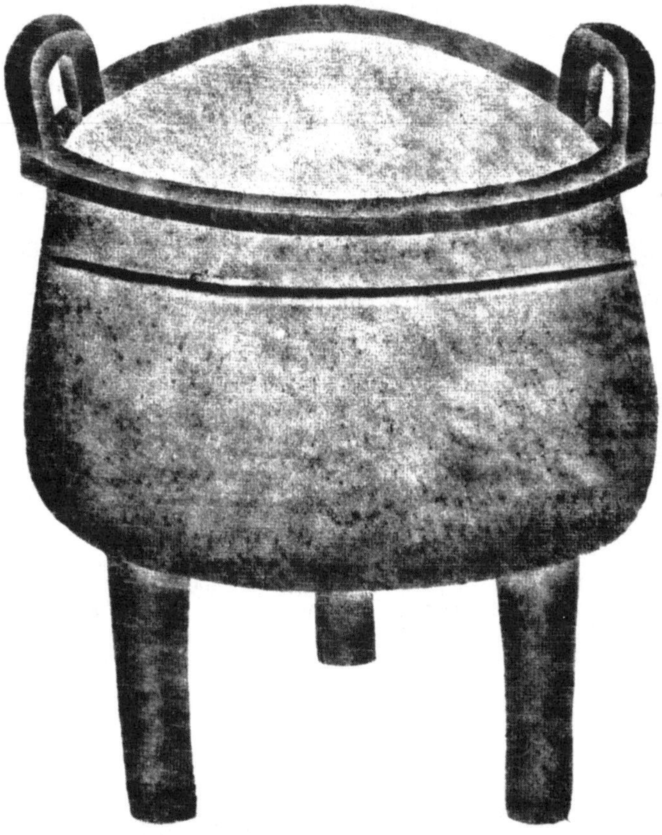

注： 即舍父鼎，現藏故宮博物院。《周金文存》卷二謂：「元和顧氏」藏。清雍正二年（一七二四）分長洲縣東南部置元和縣，一九一二年元和縣併入吴縣，其東部劃入崑山縣。元和顧氏即「過雲樓」主人顧文彬及後人，其收藏以書畫、古籍著稱，與吴雲、吴大澂等蘇州地區金石藏家過從較密。此鼎很可能是由吴大澂轉至顧氏收藏。

山父戊鼎

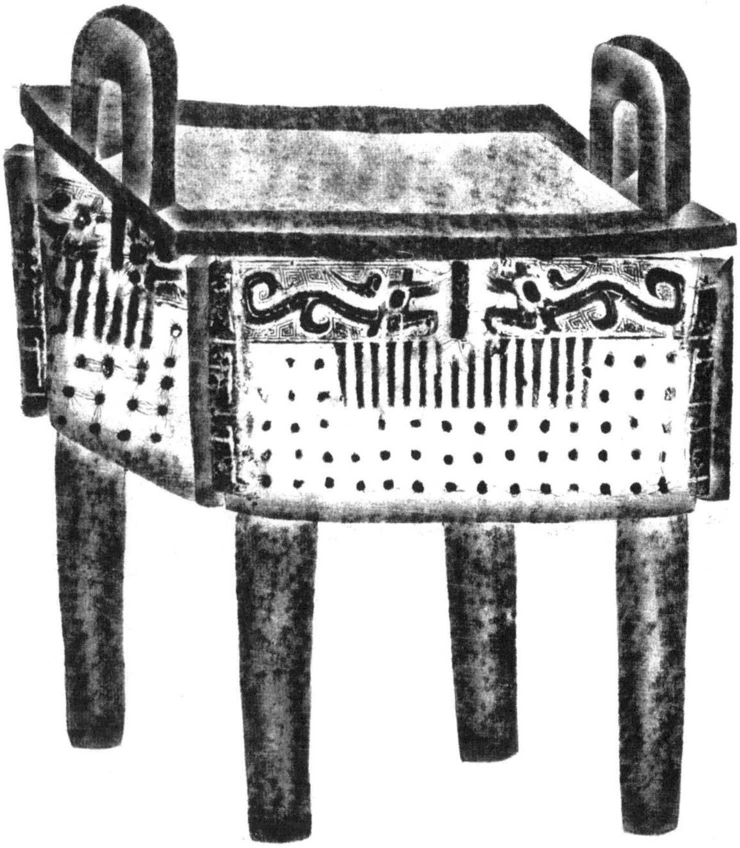

注：即山父戊方鼎，銘文曾經《三代吉金文存》一·一九·三、《殷周金文集成》五六四二等著録，然均誤以爲尊銘，由此圖可糾謬勘誤。

王之母黎方尊

注：即王㞢女叙方彝，現藏故宮博物院。《故宮青銅器》七〇謂「吴秀源先生捐贈」。

注：傳世無㠱簋共四件，其中兩件器蓋完整，分别收藏於上海博物館和國家博物館；兩件僅存蓋，也分别收藏於上海博物館和國家博物館。本卷《愙齋集古圖》收録的無㠱簋，現藏國家博物館。據《周金文存》三·三七無㠱簋拓本旁鄒安自題：「此趛齋師所藏，前數年歸余，今在唐風樓。」由此圖可知，這件無㠱簋早先當屬吴大澂（《愙齋集古録》九·一〇·二；一一·一無㠱簋拓本旁已注明「愙齋自藏」），後再陸續轉至費念慈的趛齋、鄒安的適廬、羅振玉的唐風樓。《周金文存》三·三八著録的無㠱簋，曾經潘祖蔭收藏，現藏上海博物館。需注意的是，幾乎所有此簋拓本的著録，都將器蓋銘文誤换。本該對上海博物館藏青銅器最具權威性説明的《夏商周青銅器研究》一書西周卷第三二〇器無㠱簋，不僅未糾正這一錯誤，反而誤用了現藏國家博物館的無㠱簋拓本，致使不明就裏者誤以此爲準，造成混亂。如《商周金文資料通鑒》檢索系統中就據此更改了這件無㠱簋的收藏單位。《吴愙齋先生年譜》光緒十五年（一八八九）：「新得敦（簋）蓋，函告丁艮善。」并引吴大澂二月初八與丁艮善書：「同出有數敦（簋），文同字異。至天子之天作[illegible]，從來亦未見，可知古文隨意增損。有同音相假之字，並有形相類而實非本字者（顧廷龍按：如敦文『盩季』，或作『盩年』）。若以爲誤字，則古人制器，不應如此草率。大抵皆假借文字，後世則以爲别字，不可通矣。今楷書之牛一角而鳥四足，真不通也。」顧廷龍謂：「按以[illegible]字推之，此蓋當即鄦㠱敦蓋。《愙齋集古録》著其拓，標題曰『失器』。《周金文存》中則並有器拓，不詳誰藏。此敦字較大，與他同文者異。」吴大澂給丁艮善信中提到銘文中天字作[illegible]的無㠱簋蓋，現藏上海博物館，然《周金文存》三·三九中蓋器拓本齊全，經仔細比對，乃是同一件簋蓋的不同拓本，難怪顧廷龍先生説器「不詳誰藏」。《周金文存》三·四〇·一著録的無㠱簋蓋拓本旁注「此蓋新自黄縣丁氏出」，知是丁樹楨陶齋舊藏，此蓋現藏國家博物館。

叔氏鼎

注：即公貿鼎，或稱貿鼎，《周金文存》卷二謂：「元和顧氏」藏。當與舍父鼎等一樣由吴大澂轉至顧氏「過雲樓」收藏。器形未曾刊布，由此圖可知。

師麻簠

注：或稱師麻孝叔簠、師麻斿叔簠。此簠據《三代秦漢兩宋金文著録表》後歸劉體智。器形未見刊布，由此圖可知。《北京圖書館藏青銅器全形拓片集》第一册第一七八頁著録有一件師麻旅叔簠，説明云：「吴大澂、劉體智舊藏。」經與此圖比對，簠之紋飾全然不對，且銘文字體呆板，疑在無銘簠上加刻了師麻孝叔簠銘文。王獻唐《山東古代文物管理委員會收藏的黄縣丁氏銅器》（《文物參考資料》一九五一年第八期）一文中在師麻斿叔鼎條下有「清同治末年，與一簠一甗同出土，見《周金文存》諸書」的説明。《周金文存》二・八八・二著録有甗銘拓本。

注：或稱咸媟(㚬)子作祖丁鼎，據《吴愙齋先生年譜》所附《愙齋先生所藏古器物目》記載吴大澂在此鼎拓本上自題云「得之粤東」。當是吴大澂於光緒十三年二月至光緒十四年七月廣東巡撫任上所得，據《吴愙齋先生年譜》，當時蘇州古董商人徐翰卿將銅器寄予吴大澂。此鼎器形未曾刊布，由此圖可知爲鬲鼎。一般以爲是鼎屬商代晚期，然從器形來看，鼎之三足細長，似乎應該是西周早期之器。

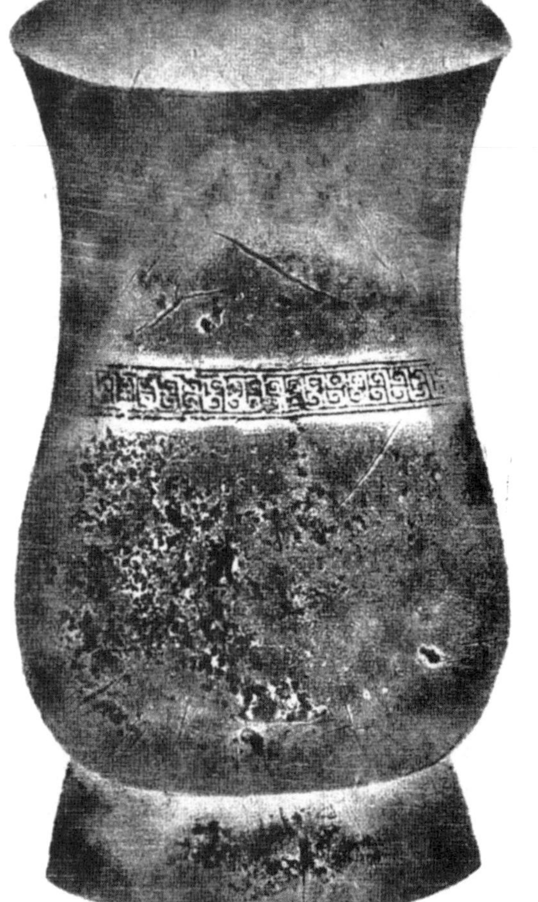

注：即戈觶，現藏故宫博物院。器形首見。

事戎鼎

注：事戎鼎，或稱吏戎鼎。器形首見。

父癸敦

注： 即獸父癸簋，現藏上海博物館。器形首見，並見附圖十二。

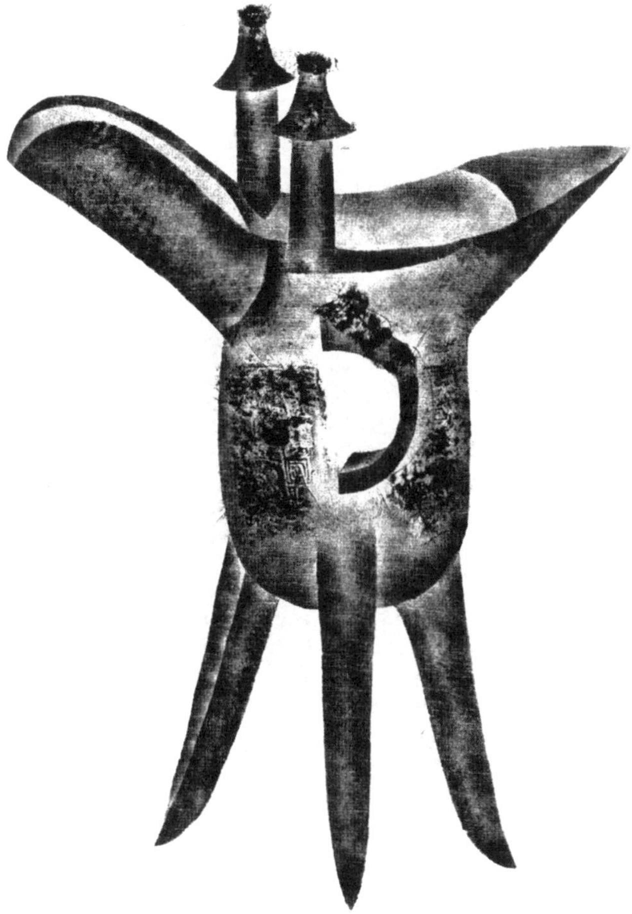

注：父丁爵，器形首見。

舉辛爵

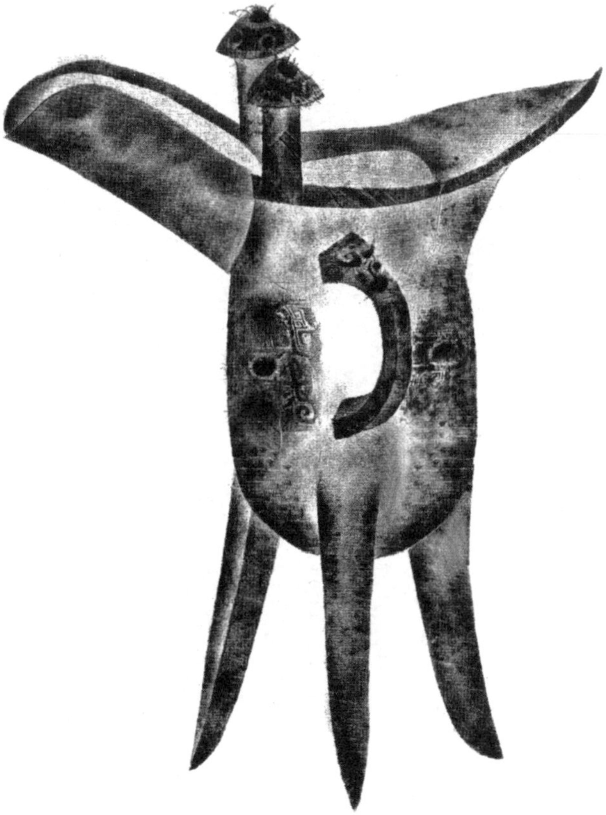

注： 舉辛爵，或稱□辛爵、冉辛爵，器形首見。《愙齋集古録》二三・四・四吴大澂題「潘文勤公藏爵，□舊釋舉，今從之」。潘祖蔭逝於一八九〇年，本卷《愙齋集古圖》繪裱於一八九二年，推測此爵或在潘祖蔭去世後歸於愙齋。

注：羊鼎，現藏蘇州博物館。器形首見。

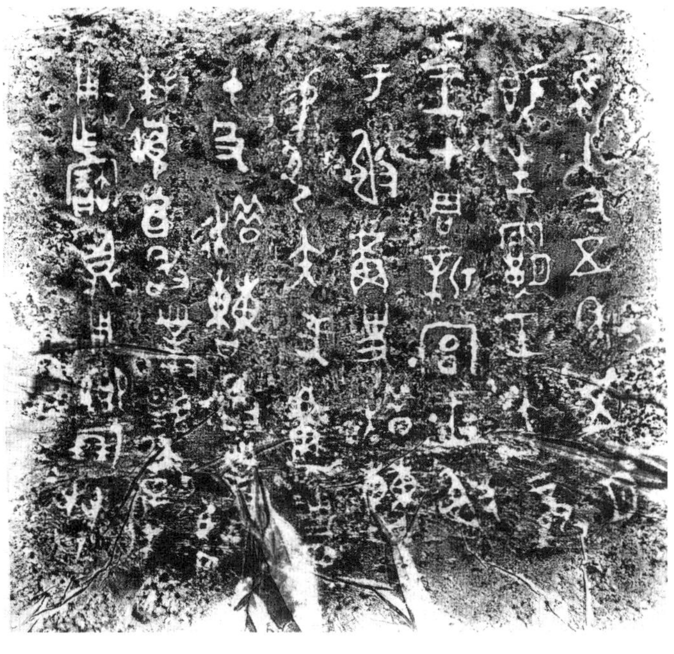

注：十五年趞曹鼎，現藏上海博物館。

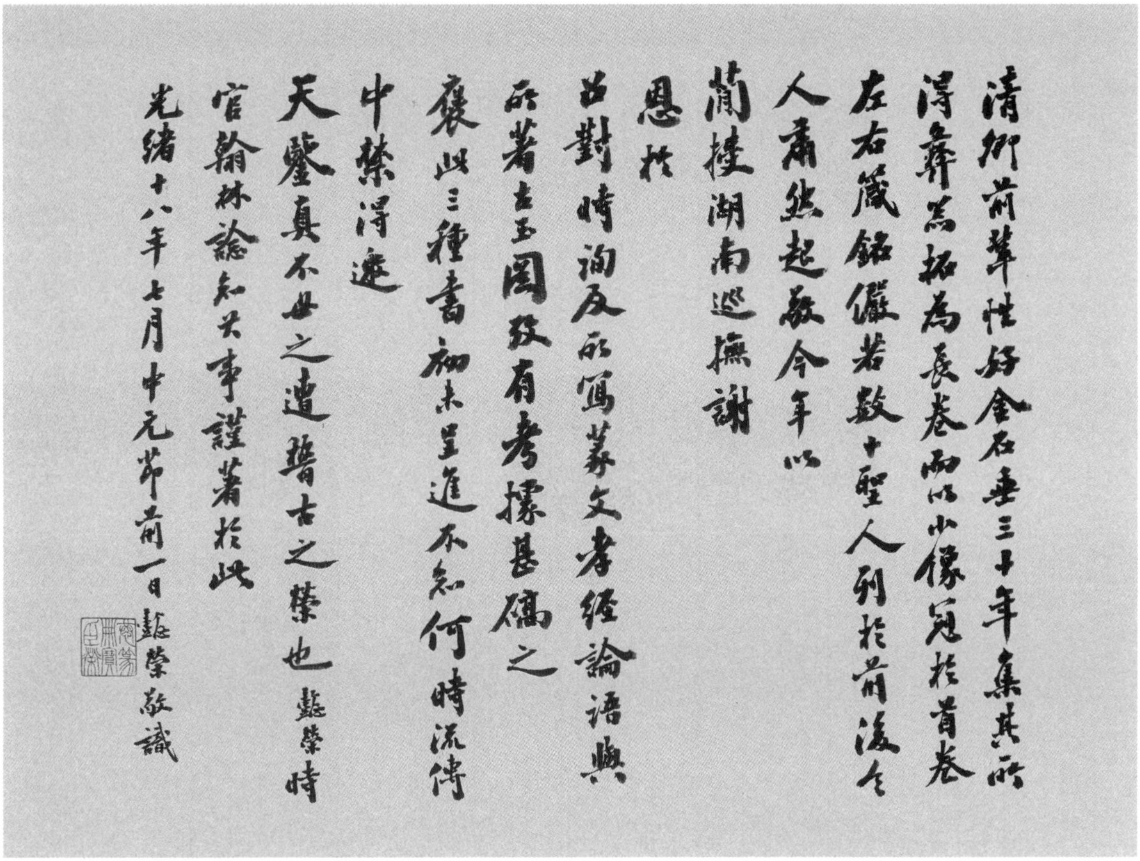
清卿前輩性好金石垂三十年集其所
得彝器拓爲長卷而以小像冠於首卷
左右箴銘儼若數十聖人列於前後令
人肅然起敬今年以
簡授湖南巡撫謝
恩於
召對時詢及所寫篆文孝經論語與
所著古玉圖考有考據甚碻之
褒此三種書初未呈進不知何時流傳
中禁得邀
天鑒真不世之遺稽古之榮也懿榮時
官翰林諗知其事謹著於此
光緒十八年七月中元節前一日懿榮敬識

王懿榮題跋

清卿前輩性好金石垂三十年，集其所得彝器，拓爲長卷，而以小像冠於首卷，左右箴銘，儼若數十聖人列於前後，令人肅然起敬。今年以簡授湖南巡撫謝恩，於召對時，詢及所寫篆文《孝經》《論語》與所著《古玉圖考》，有「考據甚碻」之褒。此三種書，初未呈進，不知何時流傳中禁，得邀天鑒，真不世之遺，稽古之榮也。懿榮時官翰林，諗知其事，謹著於此。光緒十八年（一八九二）七月中元節前一日，懿榮敬識。

（鈐「恭篆冊寶臣榮」朱文印）

（本卷鑒賞印：「吴湖帆珍藏印」「静淑寶藏」「梅景書屋」「吴湖帆潘静淑珍藏印」「吴氏梅景書屋圖書印」朱文印記）

附表 《窓齋集古圖》所收器物資料表

序號	器名	器形是否發表過	銘文是否發表過	《集成》著録號	《窓齋》著録號	備注	收藏	本書所見器形頁碼
一	追敦（追簋）	是	是	四二二一			舊金山亞洲藝術博物館	
二	魯伯愈父匜	是	是	一〇二四四			上海博物館	四
三	魯伯愈父簠	否	是	四五六七	一五・一二・二			六
四	史頌敦	是	是	四二二九	一〇・一七・一—一二		日本東京書道博物館	一〇四
五	聿貝父辛壺蓋（聿貝壺蓋）	否	否			銘文疑僞		五一
六	⿱雔皿卣蓋（雝卣蓋）	否	否					八
七	女歸卣（婦庚卣）	是	是	五〇九九	一八・一八		日本東京根津美術館	一〇二
八	芮公鬲	是	是	七一一	一七・一〇・二		美國舊金山亞洲藝術博物館	一一〇
九	宗婦方壺（宗婦壺）	否	是	九六九八	一四・一八・二 一四・一九・一		南京博物院	一〇、一二
一〇	宗婦方壺（宗婦壺）	否	是	九六九九	一四・一九・二 一四・二〇・一			
一一	韓仲侈壺（韓中侈壺、鬬中多壺）	是	是	九五七二				一〇八
一二	師奎父鼎	是	是	二八一三	四・二六		上海博物館	九四
一三	陳侯嘉姬敦（陳侯簋）	是	是	三九〇三	九・六・一		上海博物館	
一四	者污鐘（者汈鐘）	是	是	一二二	二・一五		上海博物館	一一五
一五	郘鐘	是	是	二三五	一・一〇・二		上海博物館	三四

續表

序號	器名	器形是否發表過	銘文是否發表過	《集成》著録號	《愙齋》著録號	備注	收藏	本書所見器形頁碼
一六	福無彊鐘（媺鐘）	是	是	三五				九六
一七	勺耳形卣（耳勺卣、㔾耳卣）	是	是	四八六七	一八・三		上海博物館	四三
一八	太保鼎（衡鼎）	否	否					九二
一九	立戈父丁彝（立戈父丁敦、戈父丁簋）	是	是	三一七二			上海博物館	一〇〇
二〇	邵鼎（卲鼎）	否	是	一〇五四三		糾器名之錯		五三
二一	賡鼎（庚丙鼎、賡鼎）	否	是	九八七			故宮博物院	五〇
二二	季良父壺盉（季良父盉）	是	是	九四四三	一四・二三・一		美國舊金山亞洲藝術博物館	八八
二三	舉父辛爵（拱父辛爵、興父辛爵）	否	是	八六一六			上海博物館	三五
二四	父癸爵	是	是	七九七八	二三・一八・二			一八
二五	唐子祖乙爵（唐祖乙爵）	否	是	八八三五	二三・一九・三		上海博物館	一六
二六	考作父辛卣（考父辛卣）	否	是	五二一六				二〇
二七	子抱孫父丁敦（子抱孫敦、保簋）	是	是	三一八〇			旅順博物館	二四
二八	乙亥敦（乙亥丰敦、巂𢿚簋）	否	是	三九四〇	七・一六・一		故宮博物院	二八
二九	上官鼎（平安君鼎）	是	是	二七六四	六・一九・二		上海博物館	八〇
三〇	伯莽敦（伯莽簋）	否	是	三七九二	九・六・二		上海博物館	六八
三一	羊鼎	否	是	一一〇六			蘇州博物館	一四七
三二	象尊（徙卣）	是	是	四七九四	一四・八・二		上海博物館	七二
三三	子申祖乙爵（卷祖乙爵）	否	是	八三一一	二三・一七・二		上海博物館	一四
三四	龍節（王命龍節）	是	是	一二〇九七			上海博物館	二三
三五	鄉卣（ㄐ冊卣）	是	是	五〇七六 五〇六〇			旅順博物館	二六

續表

序號	器名	器形是否發表過	銘文是否發表過	《集成》著録號	《窓齋》著録號	備注	收藏	本書所見器形頁碼
三六	乙亥方鼎（遷方鼎）	是	是	二七〇九	六・三・三		英國倫敦不列顛博物館	三一
三七	趩尊（趩觶）	是	是	六五一六	一三・一一・二		上海博物館	三二
三八	伯庶父匜	否	是	一〇二〇〇				三三
三九	鬲父□爵（融父己爵）	否	是	〇八五六七				三五
四〇	象形鐘	否	無		一・一			三六
四一	縈敦（縈伯簋）	否	是	〇三四八一				三七
四二	作寶尊（作寶彝尊）	否	是	五七〇四	一三・七・一	糾《通鑑》圖錯	故宮博物院	三八
四三	鄧伯簋蓋（鄧伯盨蓋）	否	是	四三四七	一五・一七・一	三一	上海博物館	三九
四四	衛公叔敦（賢簋）	是	是	四一〇五・二 四一〇四・二	九・九・一 九・八・一	裝裱時蓋器拓本搞亂了，並糾正《通鑑》收藏之誤	上海博物館	四〇、四一
四五	衛公叔敦（賢簋蓋）	是	是	四一〇四・一 四一〇五・一	九・七・二 九・八・二			
四六	陸父甲角	是	是	八三七二	二一・一四・一		上海博物館	四四
四七	斿尊（旅尊）	否	是	五四四八		糾以前著録器名之誤		四五
四八	弓矢觚（庚户觚）	是	是	六八三八				四六
四九	斿觚（旅觚）	否	是	六五三三	二一・二・一		上海博物館	四七
五〇	亞犧冰鑒	否	否			疑僞		四八
五一	萬罍	否	否			銘文疑僞		四九
五二	亞形觚（亞醜觚）	是	是	六九六九			上海博物館	五二
五三	邦敦（掜簋）	否	是	三六三〇	八・二・二			五四
五四	兕己觚（羊己觚）	否	是	六八三五	二一・四・三			五五

續表

序號	器名	器形是否發表過	銘文是否發表過	《集成》著録號	《窓齋》著録號	備注	收藏	本書所見器形頁碼
五五	祖丁爵	否	否					五六
五六	木父辛爵	否	是	八六三三	一三・二〇・二		上海博物館	五七
五七	父辛爵（鼎父辛爵）	否	是	八六三八	一三・二〇・一		故宮博物院	五八
五八	剛爵	否	是	九〇三三	一三・二一・三		故宮博物院	五八
五九	父丁敦（冀父丁簋）	是	是	三一七〇	七・二〇・二			六〇
六〇	漢大銅鼓							
六一	邢人鐘	是	是	一〇九	一・一九		上海博物館	
六二	宗婦盤	是	是	一〇一五二	一六・一八・一		上海博物館	
六三	善夫克鼎	是	是	二七九六	五・五		上海博物館	
六四	趞曹鼎	是	是	二七八四			上海博物館	一四八
六五	秦權							
六六	微子鼎（師眉鼎、窓鼎）	是	是	二七〇五	四・二〇	糾正出土地之誤	南京博物院	八四
六七	漢銅鼓							
六八	戲父辛壺	是	是	九五七七	一三・一六・一（誤歸尊類）		上海博物館	
六九	宗婦鼎	是	是	二六八六	六・九・一	七件録其一	上海博物館	
七〇	盩屋鼎	否	是		二六・六・二 二六・七・一			
七一	建平鈁	否	是		二五・一〇・二			
七二	母癸鼎（亞若癸鼎）	是	是	二四〇〇	三・三			七〇
七三	魯公鼎	否	是			銘僞		七六
七四	析子孫父乙彝（冀父乙簋）	否	是	三一四六	七・一八・一		上海博物館	九〇

續表

序號	器名	器形是否發表過	銘文是否發表過	《集成》著録號	《窓齋》著録號	備注	收藏	本書所見器形頁碼
七五	子璋鐘	是	是	一一八	二・七		上海博物館	九八
七六	克鐘	是	是	二〇八	一・一八・一		上海博物館	一一四
七七	舉父己方鼎（冈父己方鼎）	否	是	〇一六〇九		糾正器形定名之誤	上海博物館	一一六
七八	舉父己方鼎（冈父己方鼎）	否	是	〇一六一一				
七九	婦闟尊（罍）	否	是	〇九八二〇			蓋藏廣東省博物館	一一八
八〇	季貞方鬲	是	是	〇五三一			美國哈佛大學賽克勒美術博物館	一二〇
八一	亶匜（亶觥）	是	是	九二八九			美國哈佛大學賽克勒美術博物館	一二二
八二	仲義父簋（盨）	否	是	四三八六				一二三
八三	雞父乙鬲（鳥父乙鬲）	是	是	四七六			首都師範大學歷史博物館	一二四
八四	祖乙方卣（小臣𢆶方卣）	是	是	五三七九	一八・二・一— 二		上海博物館	一二五
八五	曆盤	否	是	一〇〇五九	一六・三・一		上海博物館	一二六
八六	立戈形爵（戈卂甲寧爵）	否	是	八七八七	二三・一七・三		蘇州博物館	一二七
八七	㠯婦爵	否	是	九〇二九	二三・二〇・三			一二八
八八	㠯婦爵	否	是	九〇三〇	二三・二〇・四			
八九	己祖乙尊	否	是	五五九六				一三〇
九〇	師釐敦（師嫠簋）	是	是	四三二五	九・一九・一 九・一九・二— 二〇・一		上海博物館	一三一
九一	辛宮鼎（舍父鼎）	是	是	二六二九			故宮博物院	一三二

續表

序號	器名	器形是否發表過	銘文是否發表過	《集成》著録號	《愙齋》著録號	備注	收藏	本書所見器形頁碼
九二	山父戊鼎	否	是	五六四二		各種著録均誤爲尊，可糾正		一三三
九三	王之母黎方尊（王㞢女叙方彝）	是	是			《故宮銅器》七〇著録	故宮博物院	一三四
九四	無𡧊敦（無𡧊簋）	是	是	四二二五	九·一〇·二—一一·一	糾器蓋銘文互换及收藏單位之錯	上海博物館	一三六
九五	叔氏鼎（公貿鼎）	否	是	二七一九				一三八
九六	師麻簠	否	是	四五五五		辯《北圖拓》僞器		一三九
九七	祖丁鼎（鹹媒子鼎）	否	是	二三一一		糾時代錯		一四〇
九八	立戈觶（戈觶）	否	是	六〇五九			故宮博物院	一四二
九九	事戎鼎	否	是	二一六九				一四三
一〇〇	父癸敦（獸父癸簋）	否	是	三二一二			上海博物館	一四四
一〇一	父丁爵	否	是	七九一〇	二三·一九·二			一四五
一〇二	舉辛爵（[illegible]辛爵、冉辛爵）	否	是	八〇五七	二三·四·四			一四六

注： 此表器物是以上下卷中先拓本後圖像的器物排列爲序。因一些器物著録較多，本表謹以《殷周金文集成》（簡稱《集成》），《愙齋集古録》（簡稱《愙齋》）爲主，兩書未收而新見著録者，則將著録書目列於備注欄中。

後記

本文是在凌利中先生撰寫的《愙齋集古圖》展覽説明基礎上（二〇〇九年英國不列顛博物館舉辦的上海博物館珍藏展），就本人感興趣的内容予以補充而成。承蒙本館書畫部單國霖主任慷慨允予我使用屬於他們部門典藏的《愙齋集古圖》，在撰寫過程中，得到單國霖主任、凌利中先生及書畫部諸同人全方位的支持和協助。另外本館圖書館的柳向春先生將其個人收藏的《吴愙齋先生年譜》借我查閲。諸位同人的關心和幫助，令我時刻銘記在心，在此，向給予我幫助的各位師友致以誠摯的感謝！

文中部分人物等注釋，是在網絡檢索所得的基礎上，經校核修改而成，非常感謝那些不知名的網絡作者，其中若有錯誤，理應由我承擔。

二〇一〇年三月十六日全書初稿於上海博物館
二〇一一年一月十三日全書二稿於上海博物館
二〇一一年六月二十六日全書改定於浦東龍昌苑寓所

再版後記

《愙齋集古圖箋注》出版後，承蒙吴振武、郭永秉、柳向春等諸君賜教，指出其中多個誤字、誤識及誤斷之處。在此書再版之時，均按他們的意見，予以糾正。在此，謹向他們致以誠摯的敬意和謝意！

當時採用的吴鎮烽先生《商周金文資料通鑒》檢索系統（以下簡稱《通鑒》），已經先生修訂，故原書中所用的《通鑒》編號有些可能已經不對了，此次再版盡量改用了先生《商周青銅器銘文暨圖像集成》中的編號。而且當時我認爲《通鑒》中的一些所謂瑕疵，先生也在《通鑒》檢索系統中作了修改。這些都是需要説明的。

此外，再版時根據一些新的研究成果和新的資料，加了數條新注，如仲義父簋（盨）的出土時間，即補注了葛亮先生的最新研究結論。

最後感謝上海古籍出版社給了我糾正錯誤的機會。

二〇二一年七月二十八日寫於浦東龍昌苑寓所